THE MIDDLE AGES
중세 Ⅲ

중세 III

초판 1쇄 발행 2021년 5월 28일

글 올리비에 보비노 / **그림** 파스칼 마냐 / **옮김** 이정은

펴낸이 조기흠
편집이사 이홍 / **책임편집** 박종훈 / **기획편집** 송병규
마케팅 정재훈, 박태규, 김선영, 홍태형, 배태욱 / **디자인** 책과이음 / **제작** 박성우, 김정우
펴낸곳 한빛비즈(주) / **주소** 서울시 서대문구 연희로2길 62 4층
전화 02-325-5506 / **팩스** 02-326-1566
등록 2008년 1월 14일 제 25100-2017-000062호

ISBN 979-11-5784-509-5 03900

이 책에 대한 의견이나 오탈자 및 잘못된 내용에 대한 수정 정보는 한빛비즈의 홈페이지나
이메일(hanbitbiz@hanbit.co.kr)로 알려주십시오. 잘못된 책은 구입하신 서점에서 교환해드립니다.
책값은 뒤표지에 표시되어 있습니다.

⌂ hanbitbiz.com　f facebook.com/hanbitbiz　N post.naver.com/hanbit_biz
▶ youtube.com/한빛비즈　◉ instagram.com/hanbitbiz

L'Empire. Tome 1: La Genèse by Olivier BOBINEAU and Pascal MAGNAT
© Les Arènes, Paris, France, 2015.
All rights reserved.
Korean Translation Copyright © Hanbit Biz, Inc., 2021.
This Korean Edition is published by arrangement with Les Arènes, France through Milkwood Agency, Korea.
이 책의 한국어판 저작권은 밀크우드 에이전시를 통한 저작권자와의 독점계약으로 한빛비즈(주)에 있습니다.
저작권법에 의해 보호를 받는 저작물이므로 무단 복제 및 무단 전재를 금합니다.

지금 하지 않으면 할 수 없는 일이 있습니다.
책으로 펴내고 싶은 아이디어나 원고를 메일(hanbitbiz@hanbit.co.kr)로 보내주세요.
한빛비즈는 여러분의 소중한 경험과 지식을 기다리고 있습니다.

만화로 배우는 서양사

THE MIDDLE AGES
중세 Ⅲ

올리비에 보비노 글 | **파스칼 마냐** 그림 | **이정은** 옮김

한빛비즈

멋지구나! 핵심을 잘 짚어서 그렸네!

가톨릭 신앙은 두 힘의 대립인데, 한쪽에는 예수가 옹호한 보편적인 사랑이라는 초기 메시지가 있습니다. 이웃에 대한 사랑, 그리스어로 아가페는 용서/내어줌/포기[a]라는 3면 구도를 바탕으로 모든 기독교인의 주요 계명이 되었죠.

…다른 한쪽에는 로마 가톨릭교회가 있습니다. 최고 지도자는 로마의 주교인 교황이지요. 이 정치적 종교 기구는 모든 남녀를 구원하고자 하는데, 예수의 발자취를 따라 그렇게 한다고 주장하죠.

하지만 이런 설명만으로 부족하지요! 독자 여러분은 이 책에서 항상 궁금해했지만 감히 물어보지 못한 교황권과 가톨릭 신앙에 관한 모든 사실을 알게 될 겁니다.

일단, 기독교의 시작점인 예수를 만나러 가보죠. 예수의 모습은 복음서와 예수의 친구들, 사도, 제자들이 쓴 사도 서한이라는 편지에 전해집니다.

여러분이 알고 있는 예수는 대체로 이런 상투적인 이미지죠. 예수를 충실히 묘사한 형상은 존재하지 않습니다. 기독교 예술가들은 아돌프 히틀러가 1924년에 쓴 《나의 투쟁》[b]에서 찬미한 유럽의 아리아족을 모델로 삼아 예수를 표현했지요.

그런데 아쉽게도 예수는 유대인이었죠!

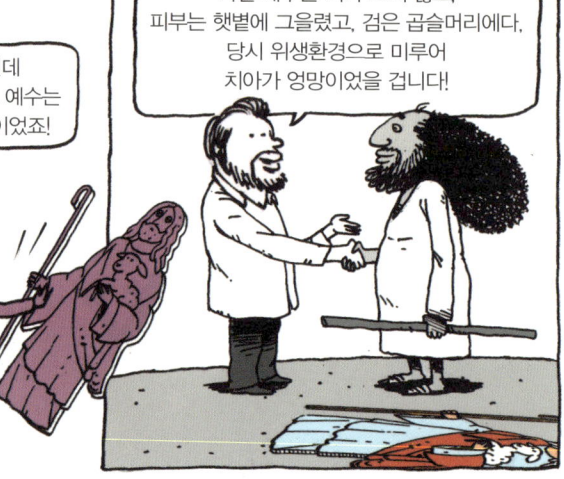

사실 예수는 키가 크지 않고, 피부는 햇볕에 그을렸고, 검은 곱슬머리에다. 당시 위생환경으로 미루어 치아가 엉망이었을 겁니다!

a, b) 책의 마지막에 실린 설명 참조

시초
복음의 예수가 가져온 단절

예수가 보인 기적은 이 책에서 우리의 관심사가 아닙니다.
중요한 건 예수가 로마 지배하의 유대 전통 사회에 어떤 식으로 몇몇 단절을 야기했는지
이해하는 일이죠! 복음에서는 16가지 단절로 변화를 표현합니다.

1) 어째서 기도를 장사로 삼는가?
2) 가난한 이는 행복하다!
3) 새로운 것이 오래된 것을 대신하지 않는가?
4) 율법은 인간을 위해 있는 것 아닌가?
5) 영적인 가족이 피로 맺어진 가족을 대신한다!
6) 여자는 최소한 남자와 동등한 존재가 아닌가?
7) 정교분리 만세!
8) 의로움 만세!
9) 어째서 내어주지 않는가?
10) 당신은 누구이기에 판단하려 하는가?
11) 아버지는 오직 한 분이 아닌가?
12) 어린이 먼저!
13) 한사코 관계를 유지하라!
14) 원수를 용서하라!
15) 봉사는 끝까지!
16) 사랑은 죽음보다 강하다!

인용된 모든 예수의 말은 그리스어로 '좋은 소식'을 뜻하는 복음서에서 발췌했습니다.
2세기에 기독교 지식인들은 복음서를 네 명의 저자가 썼다고 보았지요. 그들의 이름은 이렇습니다.

마태오(80~90년 사이에 씀), 마르코(70년경), 루카(80~85년경), 요한(80~120년 사이).

어째서 기도를 장사로 삼는가?

예수가 당시 사람들에게 제시한 최초의 단절은 경제 및 영적인 것과 관련이 있습니다.
예수는 신성한 장소인 동시에 정치와 경제 생활 중심지인 예루살렘 신전에서 소란을 일으킵니다.
파리의 노트르담 성당과 엘리제 궁, 라파예트 백화점, 대형 쇼핑몰 포럼 데 알이 합쳐진 듯한 곳이죠!
예루살렘 신전에는 금박을 입힌 아카시아 나무 상자인 성궤가 보관되어 있습니다. 그 안에는 신이 모세에게 준
십계명이 적힌 석판 2개가 담겨 있죠. 십계명은 신을 숭배하고 다른 사람들과 함께 살기 위해 지켜야 하는
'최소한의' 법칙이므로 이 석판은 유대인에게 매우 소중하죠. 최초의 신전은 다윗 왕의 뜻에 따라서 그 아들 솔로몬 왕이
기원전 10세기에 짓지만, 기원전 587년에 바빌로니아의 왕 네부카르네자르 2세에 의해 완전히 파괴됩니다.
바빌로니아의 유대인들은 포로가 되었다 돌아와서 기원전 536년쯤에 다시 신전을 짓지요.
기원전 515년 3월 12일에 완공된 두 번째 신전은 헤롯 왕이 지배하던 기원전 19년쯤에 엄청나게 확장되었다가,
기원후 70년에 로마 황제 티투스에 의해 다시 파괴됩니다. 예수의 시대에 이 신전에는 사제의 안뜰, 신자의 안뜰,
여자의 안뜰, 이방인의 안뜰 등 여러 안뜰이 있었죠. 지금은 기원후 30년쯤이고, 예수가 이제 막 신전에 들어섰습니다…

1) 요한(2, 16)
2) 마태오(6, 24), 루카(16, 13)

가난한 이는 행복하다!

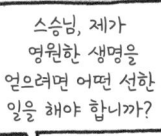

3) 마태오(19, 16-22), 마르코(10, 17-22), 루카(18, 18-23)
4) 마태오(19, 23-24), 마르코(10, 23-31), 루카(18, 24-30)

새로운 것이 오래된 것을 대신하지 않는가?

율법은 인간을 위해 있는 것 아닌가?

5) 마태오(9, 14-17), 마르코(2, 18-22), 루카(5, 33-39)
6) 마태오(10, 34-35), 루카(12, 51-53)

영적인 가족이 피로 맺어진 가족을 대신한다!

7) 마르코(2, 23-27), 마태오(12, 1-8), 루카(6, 1-5)
8) 마태오(12, 46-50), 마르코(3, 31-35), 루카(8, 19-21)
9) 마태오(10, 34-36), 루카(12, 51-53)

e, f) 책의 마지막에 실린 설명 참조

여자는 최소한 남자와 동등한 존재가 아닌가?

유대인이 아니고 모든 신자가 싫어하는 이교도인 가나안 여자가 예수를 찾아와 자기 딸을 구해달라고 부탁합니다.

결국 여인은 자신이 원하는 것을 얻는데, 이에 모두가 놀라고 심지어 예수 자신도 놀라서 그 이방인 여인에게 이렇게 말하죠.

복음을 통틀어 예수가 누군가에 대해 이런 말을 하는 것은 여기뿐입니다. 이 여인은 유대인의 원수인 외국인 이교도라는 지위에도 불구하고, 예수가 자신과 가까운 사람 가운데에만 머물러서는 안 되며, 온 세상에 메시지를 선포해야 함을 보여주는 데 성공하죠!

---

10) 마태오(15, 21-28), 마르코(7, 24-30)
11) "noir, petit et moche". 프랑스 희극배우 콜뤼슈(Coluche)의 스케치 〈검은 점퍼(Blouson noir)〉

12) 루카(10, 38-42)
13) 마태오(19, 1-12), 마르코(10, 1-12)

어째서 내어주지 않는가?

16) 마태오(20, 1-16)

당신은 누구이기에 판단하려 하는가?

아버지는 오직 한 분이 아닌가?

17) 요한(8, 1-11)
18) 마태오(23, 5-9)

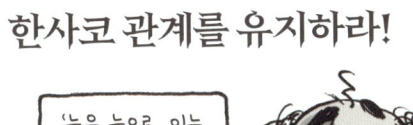

19) 마태오(18, 1-5), 마르코(9, 33-37), 루카(9, 46-48)
20) 마태오(5, 38-39), 루카(6, 29)
21) 마태오(5, 41)

봉사는 끝까지!

사랑은 죽음보다 강하다!

23) 요한(13, 1-9)
24) 마태오(26, 26-28)
25) 요한(13, 34-35)
26) 요한(13, 36-38)

g) 책의 마지막에 실린 설명 참조

27) 마태오(26, 57-68), 마르코(14, 53-65), 루카(22, 54-55), 요한(18, 12-18)
28) 마태오(26, 69-75), 마르코(15, 1-2), 루카(22, 56-62), 요한(18, 25-27)
29) 마태오(27, 11-26), 마르코(15, 1-2), 루카(23, 13-25), 요한(19, 1-6)
30) 루카(23, 34)

오늘날 프랑스의 루르드. 가톨릭 당국은 순례자들에게 젊은 시골 여인 베르나데트 수비루가 1858년에 마사비엘 동굴에서 성모마리아를 보았다는 바로 그곳에서 묵상하라고 권합니다. 이 동굴을 중심으로 산업이 발달해 매년 600만 명에 이르는 방문객이 인구 1만 4,282명(2011년 기준)인 이 성모마리아의 도시를 찾지요.

제국의 그리스와 라틴 전통
두 개의 기둥

제1차 유대전쟁(66~70) 이후, 예루살렘 신전은 로마 황제 티투스의 군대에 의해 파괴됩니다.
수도인 예루살렘은 순례자들을 끌어모으던 중심지를 잃지요. 베드로는 오래전에, 늦어도 44년에
이미 예루살렘을 떠났습니다. 베드로의 뒤를 이어 예루살렘 공동체를 이끈 '예수의 형제' 야고보는 62년에 죽지요.
그래서 예루살렘은 다른 기독교 교회들에 대하여 선도적이고 중심적인 역할을 하기를 멈춥니다.
'유대 기독교 시기'가 끝난 것입니다.
뒤이어 유대 기독교는 그리스화하는데 이것이 '그리스 시기'입니다.
예수의 메시지가 그리스 철학 개념과 그리스어로 전파되는데, 사실 예수는 그리스어를 말하지 않았고,
히브리어나 아랍어처럼 셈어인 아람어로 생각했지요. 이 시기에 중요한 인물은 신학자이자 주교인 안티오키아의
이그나티오스, 철학자 유스티노, 신학자인 리옹의 이레네오, 끝으로 성경 전체를 주해한 오리게네스입니다.
하지만 이 그리스 시기에 두드러진 라틴계 인물도 한 명 있었죠. 바로 테르툴리아누스입니다.
그는 복음의 메시지를 무엇보다 지켜야 하는 율법으로 간주하며
복음서를 자신의 언어인 라틴어와 로마법의 관점에서 재해석합니다.
135년에 제2차 유대전쟁이 끝나고, 시몬 바르 코시바가 이끈 반란자들이 하드리아누스 황제에게 항복합니다.
그래서 공존을 보장하는 존재인 황제에 대한 숭배가 섞인 로마 다신교의 맞은편에는, 그 수가 점점 늘어나는
기독교만 남지요. 처음에 허용되던 기독교는 무수한 학대를 받고, 이러한 학대는 303~304년쯤 절정에 이릅니다.
기독교가 인정받는 것은 313년 콘스탄티누스 황제에 이르러서입니다. 기독교는 로마의 국교가 되고,
황제는 국가와 교회의 운명을 결정하게 되지요. 그의 후계자 중 한 사람인 테오도시우스는 심지어 380~381년에
모든 이에게 기독교를 믿으라고 강요합니다. 순교의 시대는 과거가 되지요. 그러면서 새로운 신앙 표현들이 탄생합니다.
수도사와 수녀, 순례와 기독교 시 작품이 기독교 신앙을 구성하는 요소가 되죠.
'유대 기독교 시기', 뒤이어 '그리스 시기'를 거친 이후, 기독교는 '라틴 시기'를 맞이합니다.
그 기초는 테르툴리아누스가 놓았습니다. 기독교는 정치와 법률, 행정을 지배하죠.
한마디로 로마 제국을 본뜬 새로운 생각이 탄생합니다.
로마의 주교가, 말하자면 기독교의 황제, 교황이 되는 것이죠…
그때는 410년 로마 약탈과 476년 로마 제국 멸망 직전입니다.

바울: 기독교의 건설자이자 사상가!

그는 바리새파의 엄격한 유대교 교육을 받았습니다. 기독교인이 되기 전에 그의 이름은 뭐였을까요?

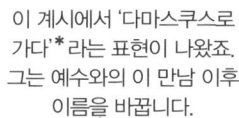

1) 사도행전(9, 3-5)
* 프랑스어 관용구로 '새 신념을 갖게 되다'라는 뜻—옮긴이

2) 갈라티아 신자들에게 보낸 서간(3, 28)

바울에게 이 형제애는 유대인과 이교도 모두에게 제시된다는 조건에서 보편적이죠. 그런데 48년쯤에 예수를 믿는 신자들 사이에서 '안티오키아 사건'이라 불리는 격렬한 분쟁이 벌어집니다. 쟁점은 유대 출신 개종자가 예수를 따르기 위해서 전통 규칙(할례, 금지된 음식)을 면제받을 수 있는지, 아니면 신앙만 있으면 구원받을 수 있는지 결정하는 것이죠.

안티오키아에서 바울은 율법의 금지사항들을 저버려야 한다고 생각합니다. 베드로, 그리고 특히 예루살렘 공동체의 운명을 책임지는 '예수의 형제' 야고보는 예수를 따르려면 유대교 율법을 지켜야 한다고 봅니다. 그래서 야고보는 베드로를 안티오키아로 보내 바울과 의논하게 하지요.

본질은 정치적인 문제입니다. 야고보와 베드로는, 유대 율법을 저버리는 건 곧 로마 점령자들이 바라는 대로 그들이 옳다고 인정하는 일이라고 생각하지만, 바오로가 보기에 개종한 이교도에게 율법을 강요하는 것은 이교도에게 복음 전하기를 포기하는 일이죠. 여러 논의와 검토를 거친 뒤 50년쯤에 '예루살렘 공의회'라 불리는 제안이 도출됩니다.

이 '공의회' 때 베드로는 바울과 의견을 합치고 "하느님을 향해 가려는 이교도에게 장애물을 늘리지 말도록" 야고보를 설득합니다. 이로써 공동의 결정이 도출되죠. 구원자는 엄연히 '주 예수 그리스도'이며, 유대 출신 형제자매들과 관계 맺음을 원활히 하려는 몇 가지 양보, 즉 "우상에게 바쳤던 제물과 피, 목 졸라 죽인 짐승의 고기와 불륜을 멀리하라는 것"[3]을 제외하면 유대 율법을 이교도에게 강요하지 않는다는 결정이죠.

3) 사도행전(15, 5-35)

4) 사도행전(21, 28)

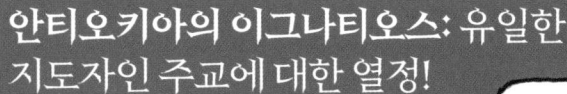

유스티노: 철학자이자 순교자
유스티노는 그리스어를 쓰는 철학자로, 기독교 신앙을 지녔다는 이유로 165년경 로마에서 참수당합니다. 팔레스타인의 나블루스에서 태어나 플라톤 철학을 배운 그는 예수의 메시지를 그리스 철학과 조화시키려 하지요.

그는 바닷가에서 어느 노인과 만나면서 개종합니다.

"자네는 하느님을 아는가?"

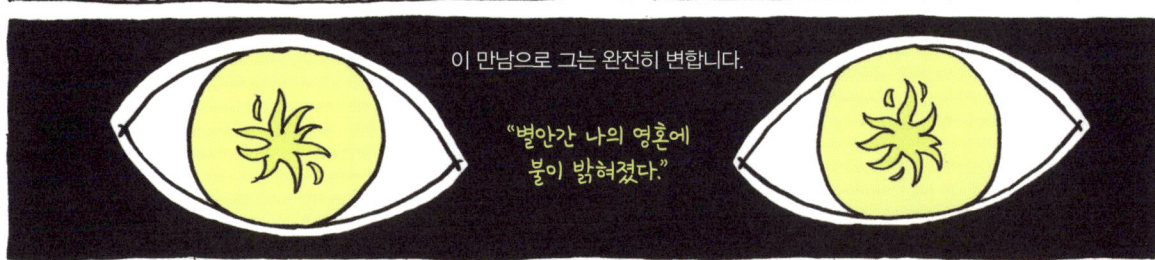
이 만남으로 그는 완전히 변합니다.

"별안간 나의 영혼에 불이 밝혀졌다."

유스티노에게 기독교 철학은 '모든 인간에 대한 사랑'에 기초합니다. 씨앗을 품은 로고스(그리스어로 'Logos spermatikos')는 자신의 씨앗을 퍼뜨리고 예수에게서 구현된 하느님의 신적인 이성이지요.

이 로고스는 예수를 따르는 모든 사람에게서 발휘되어야 합니다.

로마에 학교를 창설한 철학자 유스티노는 학생들에게 일상의 행실도 권장하지요.

"모든 사람에게 인내하며 화내지 말고 봉사하라."

"육화한 이 예수의 살과 피를 받으라."

최후의 만찬

리옹의 이레네우스: 인간에 대한 열정

120년경 태어나 200년경 죽은 이레네우스는 177년경 리옹에서 사제가 됩니다. 그는 예수에 관해 쓰인 무수한 글 중에서 네 복음서만 중시했고, 주교가 되어서도 신자들에게 복음을 권하지요.

그는 물질이 악의 산물이라고 보는 그노시스주의(그리스어로 'gnosis'는 '지식'이라는 뜻)에 맞서 싸웁니다. 그노시스파는 믿는 자가 신에 대한 지식과 진실 연구로써 물질에서 해방되어야 한다고 봅니다.

신이 인간이 된 것은 인간이 신이 되기 위함이다.

이레네우스는 물질을 악마시하기를 거부하고 하느님이 예수로 강생했다고 단언합니다. 신은 예수로 강생해서 신이 절대적인 사랑이라는 메시지를 전하지요. 결론은 두 가지입니다.
1) 인류는 예수를 따름으로써 신-사랑에 합류해야 한다.
2) 인류는 신에 합당한 존재다.
이리하여 이레네우스는 강생 신학의 기초를 세웁니다.

이레네우스는 마르키온(약 85~160)과 그 추종자인 마르키온파에 반대합니다. 마르키온파는 그리스도가 유대 율법과 전통에서 완전히 멀어졌다고 보죠. 마르키온파는 유대교의 유산인 성서와 전통을 완전히 거부합니다.

이와 반대로 이레네우스는 열두 사도까지 거슬러 올라가며 그 안에서 유대 세계가 엄연히 살아 있는 전통이라 믿습니다.

오리게네스: 성경을 해석한 저자!

오리게네스(약 185~253)는 기독교인 부모에게서 태어난 신동으로 성경을 전부 주해한 최초의 저자입니다. 방대한 저작을 남긴 그는 여러 개의 문서 작업을 동시에 할 수 있었죠.

성경 주해의 아버지로 간주되는 그는 신성한 글을 분석하는 방법론을 제시합니다.

그는 성경에 대한 세 가지 접근법을 구분하죠. 문자에 의한 접근법, 윤리적 접근법, 영적인 접근법인데 이는 인간의 세 부분에 해당합니다.

신체와 영혼과 정신이죠.

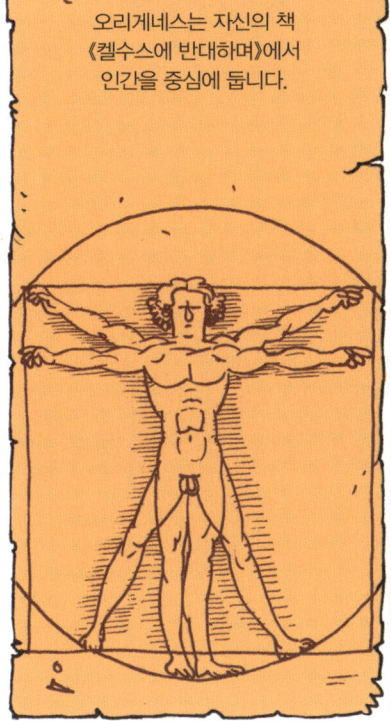

오리게네스는 자신의 책 《켈수스에 반대하며》에서 인간을 중심에 둡니다.

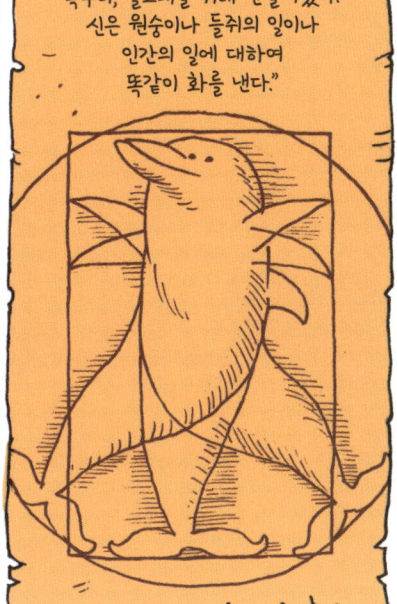

켈수스는 이렇게 생각하죠.

"이 세상은 인간보다는 사자나 독수리, 돌고래를 위해 만들어졌다. 신은 원숭이나 들쥐의 일이나 인간의 일에 대하여 똑같이 화를 낸다."

오리게네스는 켈수스에게 다음처럼 답합니다.

"신이 돌보는 것은 켈수스가 생각하는 것처럼 오로지 우주만이 아니다. 신은 우주 전체보다 지적인 존재들을 선호하여 돌본다. 신이 보낸 구원자는 모든 인류를 위한 존재다."

테르툴리아누스: 복음이 율법이다!

테르툴리아누스(약 155~220)는 최초의 위대한 라틴 신학자입니다. 그는 자신의 여러 저작에서 하느님과 삼위일체 등 기독교 신학 용어를 정립하지요. 그의 책 《프락세아스에 반대하며》는 기독교의 기본 학설인 삼위일체를 처음으로 설명합니다. 그에게 유일한 하느님은 세 얼굴을 지녔고, 성부, 성자, 성령 세 인격 사이의 관계로 인식됩니다.

12세기에 수도승 루블료프가 그린 이 도상은 테르툴리아누스가 전개한 삼위일체설 개념을 종합해서 보여주며 수백만 기독교 신자에게 기준이 되는 이미지입니다.

초기 두 세기 동안 벌어진 박해

기독교는 'religio' 자격을 얻기에 앞서 'superstitio', 즉 사적 영역에서 허용되는 행위입니다.

로마 제국은 'religio', 즉 공적 숭배의 대상인 공식 종교에 기초합니다. 제국 국민의 삶을 조직한다는 점에서 국민의 종교죠.

로마에 의하여 국가의 안녕을 위해 조직된 'religio'는 사회 및 제도가 잘 작동하며 제국이 번영하고 전쟁에서 승리할 것을 보장하는 '신들의 평화(pax deorum)' 유지에 집중하지요. 황제를 숭배하고 신들을 도시의 '수호자'로 간주하며, 사적 영역에 관여하는 'superstitio'를 허용합니다.

기독교인은 이리하여 신앙을 실천할 사적인 가족 공간을 지니지만, 그 모습이 공공연히 드러나는 순간…

…처벌을 받지요.

하지만 2세기 초부터 이미 일부 지방에서 기독교인에 대한 조직적인 박해가 이루어졌습니다. 제국의 총독 소(小)플리니우스는 112년에 기독교인이 로마의 'religio'에 참여하는 것을 거부하는 데 분노해서 자기 신앙을 고집하며 이를 공공장소에서 표현하는 사람들에게 사형을 선고합니다.

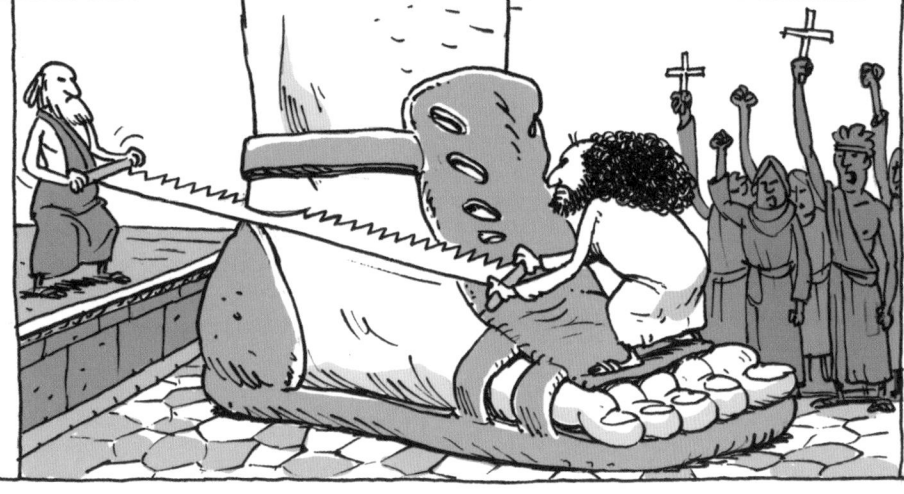

이런 상황은 기독교인이 로마의 종교와 문화적 관행을 왜 비판하는지 로마인이 깨달으면서 변화합니다. 기독교인은 다신교와 황제 숭배, 서커스 유흥, 그리고 더 근본적으로 사람들 사이의 서열을 문제 삼지요.

콘스탄티누스: 기독교가 국교가 되다

디오클레티아누스가 305년에 폐위된 후, 왕위를 차지하려는 사람들 사이에서 내전이 발발합니다.
그중 두 사람인 콘스탄티누스와 리키니우스가 312년 10월 28일에 밀비우스 다리 전투에서 승리하지요.
이 전투 이전에 콘스탄티누스는 꿈에서 계시를 받았다고 합니다…

너는 이 상징으로 승리하리라!

그때부터 콘스탄티누스는 XP 상징을 군인들의 방패에 넣기로 합니다. 이 상징은 그리스도의 첫 두 문자인 그리스 문자 키 로(Chi Rho)를 결합한 것으로 '크리스몬'이라고도 부르죠.

로마 제국의 서부(라틴어 사용) 황제가 된 콘스탄티누스와 동부(그리스어 사용)의 황제 리키니우스는 313년에 밀라노 칙령을 공포합니다. 이 칙령으로 기독교인은 종교의 자유를 얻고 압수당한 재산을 되찾죠.

하지만 두 황제는 기독교인에 대한 종교 정책에서 대립합니다.

서방의 콘스탄티누스는 이교(paganisme, 시골이라는 뜻의 라틴어 'paganus')보다 기독교를 우선시하죠. 이교는 그리스도를 믿는 신자들이 기독교가 아닌 시골 사람이나 이교도의 종교를 가리키기 위해 쓴 말입니다.

동방의 리키니우스는 무수한 제한 규정을 적용해서 부도덕하다는 이유로 기독교인을 체포해 박해합니다. 그들의 재산을 몰수하고 기독교를 금지하죠. 그래서 많은 주교와 신자가 망명을 떠납니다.

콘스탄티누스는 서서히 기독교를 국교로 삼습니다. 315년에는 기독교 상징을 넣은 화폐를 주조하죠.

318년에는 마술 행위를 금지해 이를 어기는 자는 사형에 처합니다.

321년에는 일요일을 공휴일로 정합니다.

331년에는 기독교 신념을 내세워 이혼의 자유를 제한합니다. 남편은 아내가 간음하거나 독살을 기도하지 않는 한 이혼할 수 없지요. 다른 이유로는 결코 재혼할 수 없습니다. 아내는 남편이 살인을 하거나 무덤을 훼손하지 않으면 이혼할 수 없지요. 다른 이유로 이혼하면 아내는 자기가 낸 지참금을 빼앗기고 추방당합니다.

콘스탄티누스는 기독교를 후원한 기독교도 황제입니다. 이 점에서 그는 이교도인 리키니우스와 대립하지요.

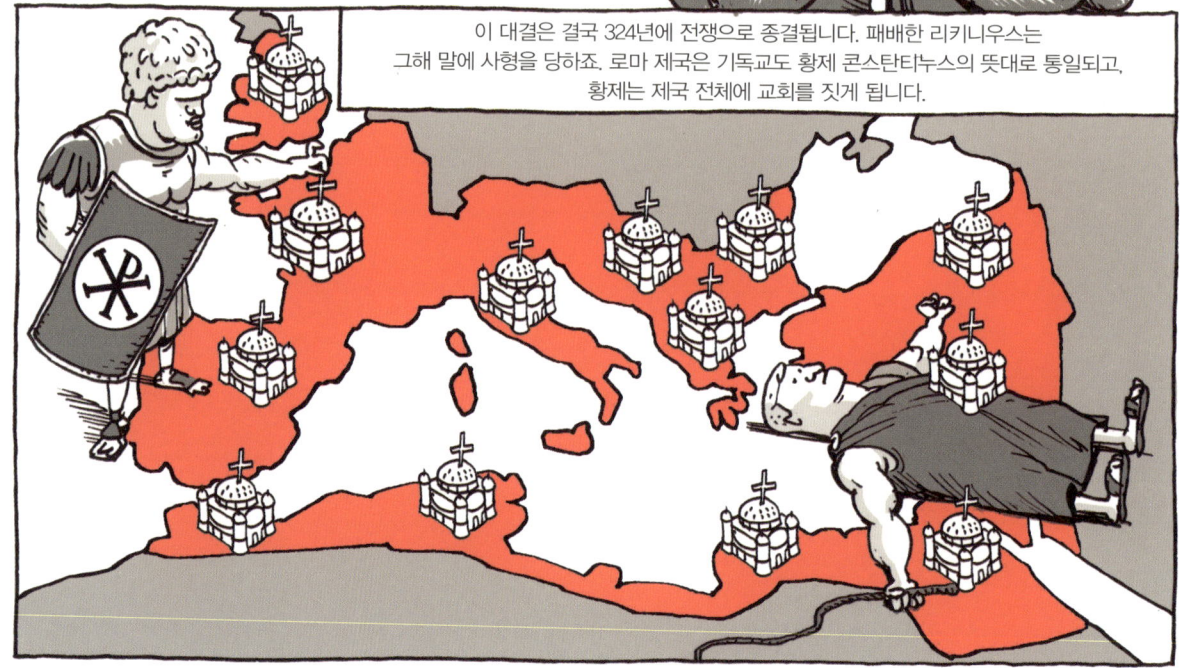

이 대결은 결국 324년에 전쟁으로 종결됩니다. 패배한 리키니우스는 그해 말에 사형을 당하죠. 로마 제국은 기독교도 황제 콘스탄티누스의 뜻대로 통일되고, 황제는 제국 전체에 교회를 짓게 됩니다.

기독교가 국가의 공식 종교가 되자, 콘스탄티누스는 교회 내부 사안에 관심을 갖고 신학적인 논의를 감독합니다. 그가 직접 선포하듯 그는 '바깥의 주교'지요.

325년에는 교리 사안을 결정하기 위해서 주교와 신학자 318명을 니케아로 소집해 모임(concile, 라틴어로 'concilium')을 엽니다. 이 공의회는 최초의 기독교 총회로서 라틴어로 'œcumenicus', 즉 '사람이 사는 세상'에 적용되죠.

초대장 니케아 공의회 ✸

이 공의회는 일단 아리우스주의 또는 아리우스(약 260~336)의 교리를 단죄하고, 아리우스파에 맞서 성자가 신성한 존재이며 성부와 동등하다고 재확인합니다. 성자는 단순히 하느님의 도구가 아니라, 그 아버지와 똑같이 '신성한 실체'죠.

이 공의회에서 가톨릭 교인들이 매주 일요일 미사 때 공언하는 니케아 신경 또는 사도신경이 탄생합니다.

나는 한 분이신 하느님을 믿는다. 그분은 전능하신 아버지, 땅과 유형무형한 만물의 창조주이시다. 나는 한 분이신 주 예수 그리스도를 믿는다. 그분은 하느님의 외아들이시며, 모든 세기에 앞서 아버지에게서 나셨다. 그분은 하느님에게서 나신 하느님, 빛에서 나신 빛, 진정한 하느님에게서 나신 진정한 하느님이시다.

330년에 콘스탄티누스는 황제로서의 권력과 영적인 권력을 확인하려고 비잔틴에 새 이름을 붙입니다. 로마 제국 또는 '새로운 로마'의 수도인 '콘스탄티누스의 도시' 콘스탄티노플로 말이죠.

역사학자들은 콘스탄티누스가 기독교로 개종한 시기(320년경?)를 확정하지 못하지만, 그가 세례를 받은 것은 눈앞에 죽음을 앞둔 337년입니다. 당시에 신자들은 자신의 모든 죄를 용서받고 저세상으로 가려고 마지막 순간을 기다렸다가 세례를 받았죠.

테오도시우스 시기: 기독교가 압도하다!

뛰어난 군사 전략가인 테오도시우스 1세(347~395)는 콘스탄티누스를 계승해 통치 초기에 세례를 받은 최초의 황제입니다. 그는 380년 2월 27일, 381년 1월 10일, 381년 7월 칙령들로 기독교를 제국의 공식 종교로 정하죠. 이 시기가 기독교를 제국의 종교로 제도화하는 데 중요한 '테오도시우스 시기'입니다.

2월 27일 칙령은 매우 분명합니다.

우리는 우리의 관용으로써 온당한 조처로 지배받는 모든 민족이 신성한 사도 베드로가 로마인에게 전한 종교 안에서 살기를 바란다. 이 법을 따르는 사람들에게 우리는 가톨릭 기독교인이라는 이름을 취하라고 명한다.

다른 모든 이들은 광기와 천박함으로 이단 교리의 치욕을 감내하리라 판단하고…

그들의 비밀집회는 교회의 이름을 받을 수 없고, 그들은 먼저 하느님의 보복으로 처단을 받아야 하며…

…뒤이어 우리가 천상의 영감을 받아서 내리는 징벌로 처단받으리라.

이 칙령으로 테오도시우스는 로마 기독교에 우호적인 '질서를 확립'하고자 합니다. 기독교는 제국의 유일한 종교였지요.

381년 5월부터 7월까지 테오도시우스 1세는 니케아 공의회 이후 기독교 역사상 두 번째 기독교 공의회를 콘스탄티노플에서 소집합니다.

테오도시우스는 로마 제국 서방의 황제인 그라티아누스가 관할하는 서방의 주교는 초대하지 않았기 때문에 이 공의회에는 동방의 주교 150명만 참여합니다. 이 공의회는 기독교 역사에 두 가지 중요한 기여를 하죠.

우선, 이 공의회는 성부와 성자의 신성과 더불어 성령의 신성을 선포함으로써 니케아 공의회의 교리적 성찰을 이어갑니다. 니케아 신경에 한 구절이 덧붙여져 모든 가톨릭 신자들이 미사에서 선포하는 '니케아-콘스탄티노플 신경'이 되지요.

우리는 주님이시며 생명을 주시는 성령을 믿나이다. 성령께서는 성부와 성자와 더불어 영광과 흠숭을 받으시며, 성스러운 예언자들을 통하여 말씀하셨나이다.

이 공의회로 니케아에서 선포된 신앙고백을 보충하는 니케아-콘스탄티노플 신경이라 불리는 신앙고백이 정립됩니다.

끝으로 무엇보다 이 공의회는 3조인 '제3법령'에서 "콘스탄티노플의 주교는 로마 주교 다음가는 제2의 주교다. 콘스탄티노플은 새로운 로마이므로 그 도시의 주교는 로마 주교 다음가는 영예로운 우선권을 지닌다"라고 단언하죠.

기독교가 국교가 되면서 황제(정치 영역)와 주교(종교 영역) 사이의 관계는 복잡해집니다. 주교들은 서슴없이 목소리를 높이죠. 밀라노의 주교 암브로시우스(339~397)는 374년에 "황제는 교회 안에 있지 교회 위에 있지 않다"라고 간주합니다.

'암브로시우스 원칙'에 근거해서, 칼리니쿰의 주교가 허락해 수도사들이 불태운 칼리니쿰의 유대교 회당을 재건하자고 테오도시우스가 요구하자 암브로시우스는 황제를 나무라죠.

기독교도 군주는 유대인의 잘못을 두둔할 권리가 없습니다.

또 같은 원칙에 따라서, 암브로시우스는 한 고위 공직자가 살해된 뒤 390년 4월에 테살로니키 경기장에서 7,000명을 학살한 데 대하여 황제를 질책합니다. 주교는 황제가 속죄하고 8개월 가까이 교회에 가지 못하도록 명하죠.

교회 출입 금지!

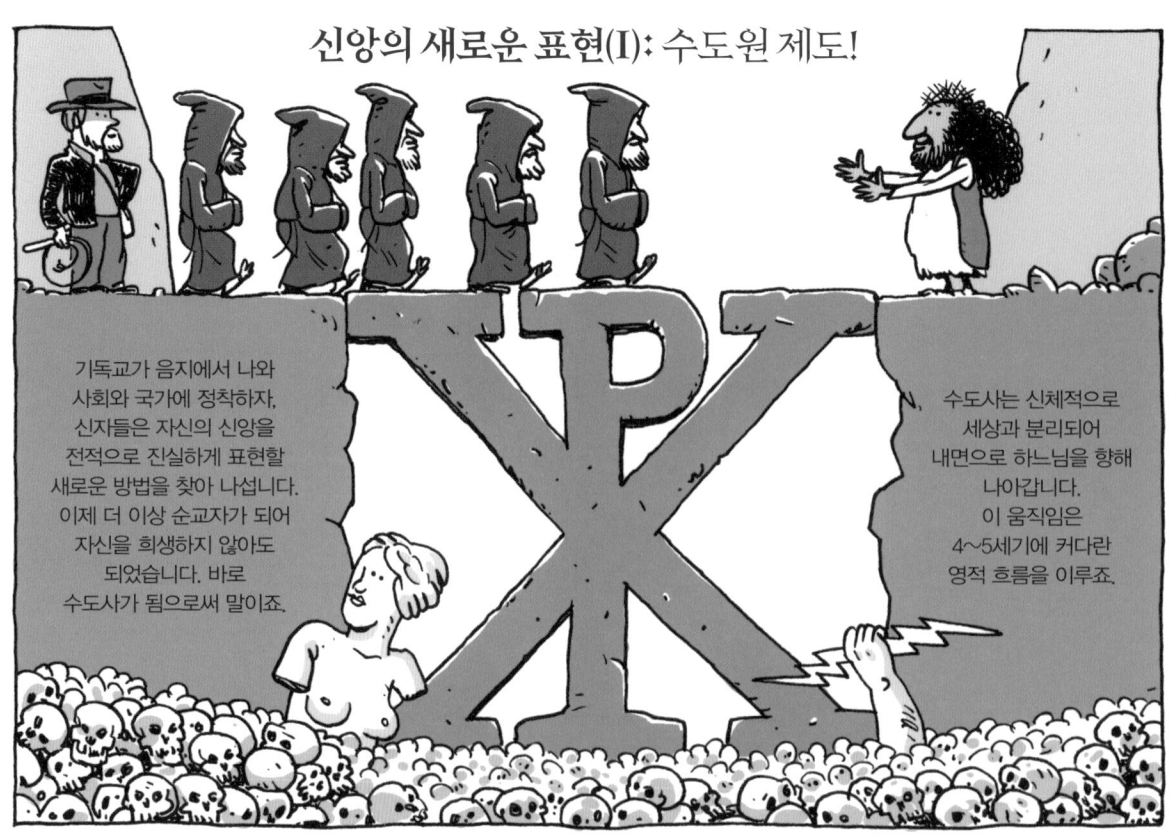

동방의 수도원 제도는 창시자인 안토니우스(357년경 사망)와 파코미우스(약 292~346)를 따라 주요한 두 흐름을 이룹니다.

이집트 이외에도 메소포타미아, 시리아, 소아시아 같은
공동생활수도의 또 다른 중심지가 있지요.
이 동방의 수도원들은 카이사리아의 바실레이오스(329~379)가
《규칙서》를 작성해 공동의 큰 원칙을 정하면서
확고한 지위를 얻습니다.

규칙은 이렇습니다.

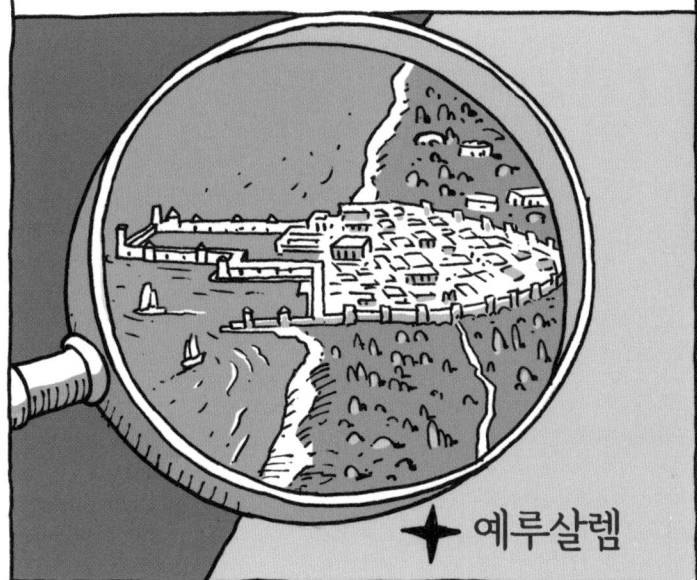

공동생활, 재산 공동체,
침묵, 기도, 성경 공부, 정결,
겸손, 복종
그리고 교회에 편입.

서방에서도 수도원 제도가 생기는데, 요하네스 카시아누스(약 360~435)와 누르시아의 베네딕토(약 480~550),
패트릭(약 385~461)에 의하여 정착되죠.

요하네스 카시아누스는 갈리아 지방 남부 마르세유에
수도원 두 곳을 창설합니다.
하나는 남자를 위해, 다른 하나는… 여자를 위해서였죠!

누르시아의 베네딕트는 로마 근처 몬테카시노 산에
수도원을 창설하죠. 그는 바실레이오스의 《규칙서》에
자신만의 규칙을 더합니다.

공동생활, 재산 공동체,
침묵, 기도, 성경 공부, 정결,
겸손, 복종 그리고 교회에 편입.
형제들이 선출한
수도원장의 권위하에
놓인 공동체.

아람어 '아버지', 그리스어 'abbâ'에서 유래한
'수도원장(abbé)'은 수도원을 이끌기 위해
동료 수도사들이 선출한 기독교 수도사입니다.

순례자들에게는 두 가지 주요 동기가 있지요.
첫째 동기는 순교자나 성인, 그리스도에게 존경을 표하려는 것입니다.
둘째 동기는 성스러운 곳에 있는 유물과 접촉함으로써 얻는 성스러운 미덕의 혜택을 보는 것이죠.
유물을 만지는 순례자는 질병이 치유되거나 자기 삶에 변화가 생길 거라 기대합니다.

시간이 흐르고 성스러운 장소에서 질병이 치유되는 사례가 널리 알려지면서 이 두 번째 동기가 우세해집니다.
성유물과 접촉해서 얻는 미덕 덕분에 이런 유물의 수는 늘어나고 기독교 세계 전역으로 전파됩니다.
성유물에는 두 종류가 있지요. 먼저, 직접적인 성유물인데,
그리스도의 십자가 조각, 못이나 예수의 옷, '유대인의 왕, 나사렛 사람 예수'의 약자인 'INRI' 팻말,
무덤이나 골고다의 돌 조각 같은 그리스도 수난의 도구 일부,
그리고 성인들의 유해나 옷자락의 일부가 있습니다.
한편, 간접적인 성유물은 직접적인 성유물과 접촉한 물건으로서 그림, 축성한 기름을 담은 병 등입니다.

신앙의 새로운 표현(III): 기독교 시 작품!

4세기 말에 또 다른 신앙 표현법이 크게 발달합니다. 바로 기독교 시 작품이지요. 운문으로 구성된 고전적인 모델을 모방해서 기독교적 삶의 현실을 주제로 삼은 시 작품 또는 찬송가처럼 전례에 사용되는 글이죠. 기독교 시는 하느님의 영광에 바치는 찬가가 됩니다.

서방에서 가장 유명한 인물은 푸아티에의 힐라리오(약 315~367), 밀라노의 암브로시우스(339~397), 프루덴티우스(348~약 405)이고, 동방과 그리스 세계에는 나지안조스의 그레고리우스(329~389), 고대 시리아 세계에서는 에프렘(약 396~373)이 있습니다.

그리스와 라틴: 결별이 시작되다!

신자들은 먼저 지역 공동체나 지역 교회에 소속됩니다. 신앙은 영토에 따라서 서로 다르게 체험되지요. 기독교는 서로 많거나 적게 관계를 맺는 여러 공동체로 이루어집니다. 그렇다면 질문이 떠오릅니다. 어떻게 다른 공동체 신자들과 일치할 수 있을까요? 특히 어떻게 해야 서방과 동방 사이의 언어와 관행 차이를 뛰어넘어 단일성을 확보할 수 있을까요?

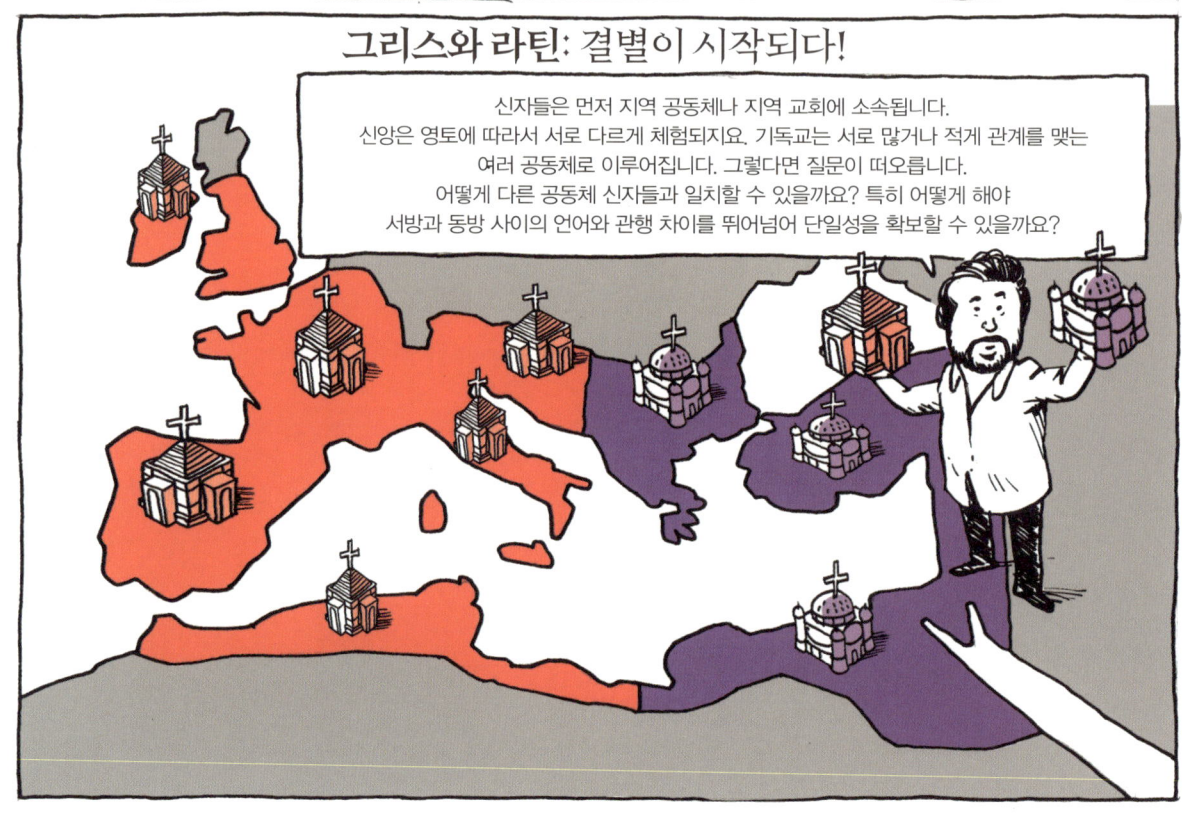

동방의 교회(그리스어)와 서방의 교회(라틴어)는 서로 언어가 다르지만, 엘리트층에서는 모두 주로 그리스어가 쓰입니다.

그런데 5세기 말에 이르러 엘리트층과 라틴 지식인은 초기의 철학 및 신학 논쟁을 형성한 그리스어를 점점 덜 사용하게 되지요. 그 예로, 로마에서 이전까지 그리스어로 진행되던 전례는 이제 라틴어로 이루어집니다.

Κύριε ελέησον

Κύριε ελέησον*

Agnus Dei*

* 그리스어로 '주님, 자비를 베푸십시오'라는 뜻이다.

* 라틴어로 '하느님의 어린 양'이라는 뜻이다.

두 문화는 갈라지는 것처럼 보입니다. 라틴 사람이 보기에 그리스인은 거만하고 트집쟁이에 교활했고, 그리스인은 라틴 사람이 교양 없고 야만적이고 거칠다고 비난하죠.

로마인은 실제적이라서 규율과 속죄, 신자 공동체 내의 행실에 관심을 둡니다. 그리스인은 철학적 성향을 논의하며, 이론적이고 형이상학적이며 추상적인 문제에 더 관심을 두지요.

기독교의 라틴화: 종교가 정치, 행정, 법률이 되다

기독교는 정치적 종교가 됩니다. 기독교에는 실제로 도시와 사회생활의 이상적인 모델이 담겨 있지요. 기독교는 정치의 중심으로 들어섭니다. 하지만 로마의 다신교와 달리 기독교는 교회와 주교들의 지도를 받아 하느님이 인간을 보는 관점을 따르지, 황제와 원로원의 수중에 있는 신들을 따르지 않습니다.

권위를 띤 직무와 행정 직무가 교회 안에서 생겨난다는 점에서 종교는 행정적이 됩니다. 이러한 직무는 도시국가를 본떠 규정되죠. 주교는 로마의 집정관처럼 모든 권위를 지닌 유일한 존재로서 자신의 교회를 관리하는 사법관이 됩니다. 주교는 피라미드의 꼭대기에 있지요.

주교는 성직자들의 지출을 감당하고 자선 활동을 유지해야 하므로 교회의 재산을 관리할 뿐 아니라, 법정 또한 주관합니다. 법정에서 다루는 분쟁은 아주 사소한 것(집안 다툼, 불화, 후견)부터 심각한 분쟁(유괴, 아동 매매)까지 다양하죠.

주교 아래에는 사제와 부제가 있고, 그 아래에는 신자 또는 평신도(laïc, 그리스어 '민중의'에서 유래)[h]가 있지요. 이러한 성직자/평신도 구분은 기독교가 라틴화함에 따라 점점 더 엄격해집니다. 프랑스의 신학자이자 역사학자 이브 콩가르가 지적하듯 "성직자와 평신도라는 단어 자체는 신약성경에 나오지 않"지요.

성경에서 유래한 종교적 내용은 그 이전에 그리스 철학자들의 도움을 받아 논의되고 체험되었지요. 성경은 그리스 개념의 프리즘을 통해 읽히고 해석되었으며, 도덕적 의무를 만들어내지 않았습니다.

h) 책의 마지막에 실린 설명 참조

이제 성경은 법과 의무로서 표명됩니다. 그리스어로 '좋다고 보이는 것'을 뜻하는 도그마(dogma), 즉 '교의'라는 말은, 라틴화하는 과정에 있는 기독교에서 지키지 않으면 처벌을 받는 어떤 의무나 책임을 뜻하게 됩니다. 주교가 표명한 교의는 반박할 수 없는 권위를 누리기에 더욱 그렇지요. 종교는 철학적 성격이 점점 줄고 법률적이 됩니다.

기독교: 로마 제국의 모방

교회의 구조와 교의는 사법적인 범주의 관점에서 로마 제국의 구조와 교의를 그대로 모방합니다. 주교가 과거의 '호노라티(honorati)'일 때에는 더욱 그렇지요.

호노라티는 봉급이 높은 로마 최고위직 공무원입니다. 그런데 그들 중 일부는 기독교인이고 교회를 위해 자신의 야심과 긍지를 발휘하기를 원했지요.

오노라와 카프레가 410년쯤에 건립한 칸 근처 레렝 섬의 수도원은 기독교 간부들을 양성하는 진정한 학교가 됩니다.

이 학교에서 '호노라투스(honoratus)'의 위엄을 누리는 영예로운 지위에 있는 사람들은 주교가 되고

이들은 서로마 제국 지방의 주교구를 법적으로 조직합니다. 라틴 문명은 점차 기독교에 의해 동화되지요.

라틴화로 교황에 대한 아이디어가 탄생하다!

서방 기독교의 라틴화는
두 가지 중요한 영향을 미칩니다.
첫째는 그리스 문화의 기독교 엘리트가
공통으로 사용한 언어 코이네(koinè)와 연관되는데,
이 언어는 라틴어로 대체되고
라틴어는 엘리트와 기독교 신자들의 언어가 됩니다.
이러한 교체는 히에로니무스 성인이 원래
히브리어와 그리스어로 쓰인 (구약 및 신약) 성경을
라틴어로 번역한 데 기초하지요.

이는 하나의 전환점입니다. 대중이 성스러운 글을 읽을 수 있게 되었으니까요. 그래서 이 성경에 불가타 라티나(Vulgata Latina)라는 이름이 붙습니다.

라틴화의 두 번째 영향은, 사법권과 결정권을 지닌 로마의 주교 한 사람에게서 구현되는 교황에 대한 아이디어가 탄생한 것입니다. 왜 다른 주교가 아닌 로마의 주교일까요? 일단, 로마의 주교는 로마에서 사망했다고 여겨지는 사도 베드로의 자리를 차지하며 그의 유일한 계승자임을 내세웁니다.

그리고 베드로는 마태오 복음서에서 지적하듯 예수의 손에서 '열쇠의 권한'을 받지요. "너는 베드로다. 내가 이 반석 위에 내 교회를 세울 터인즉, 저승의 세력도 그것을 이기지 못할 것이다. 또 나는 너에게 하늘나라의 열쇠를 주겠다. 그러니 네가 무엇이든지 땅에서 매면 하늘에서도 매일 것이고, 네가 무엇이든지 땅에서 풀면 하늘에서도 풀릴 것이다."(마태오 16, 18-19) 이리하여 베드로의 자리를 차지한 사람은 열쇠의 권한을 수행할 권한이 있는 유일한 주교로 간주되고, 이를 위해 이른바 빗장을 걸지요. 어떤 빗장일까요?

로마의 주교
율리오(재임 337~352)가
첫 번째 빗장을 겁니다.

그는 국민이 주교를 선출한 후 분쟁이 발생하면,
자신이 분쟁을 최종 심판하는 결정기구라고 선포하죠.

두 번째 빗장은 다마소(재임 366~384)가 겁니다. 그는 로마의 사도좌로서 자신이 사법적으로 우월하다고 단언합니다. 그는 하느님이 베드로와 바울을 중재인으로 삼아 자신에게 지상권을 맡겼으므로 자신이 그 권리를 지닌다고 판단하죠. 그는 두 사도의 무덤을 화려하게 꾸밉니다. 다마소는 이 두 사도가 확실히 '동방이 파견'하기는 했으나

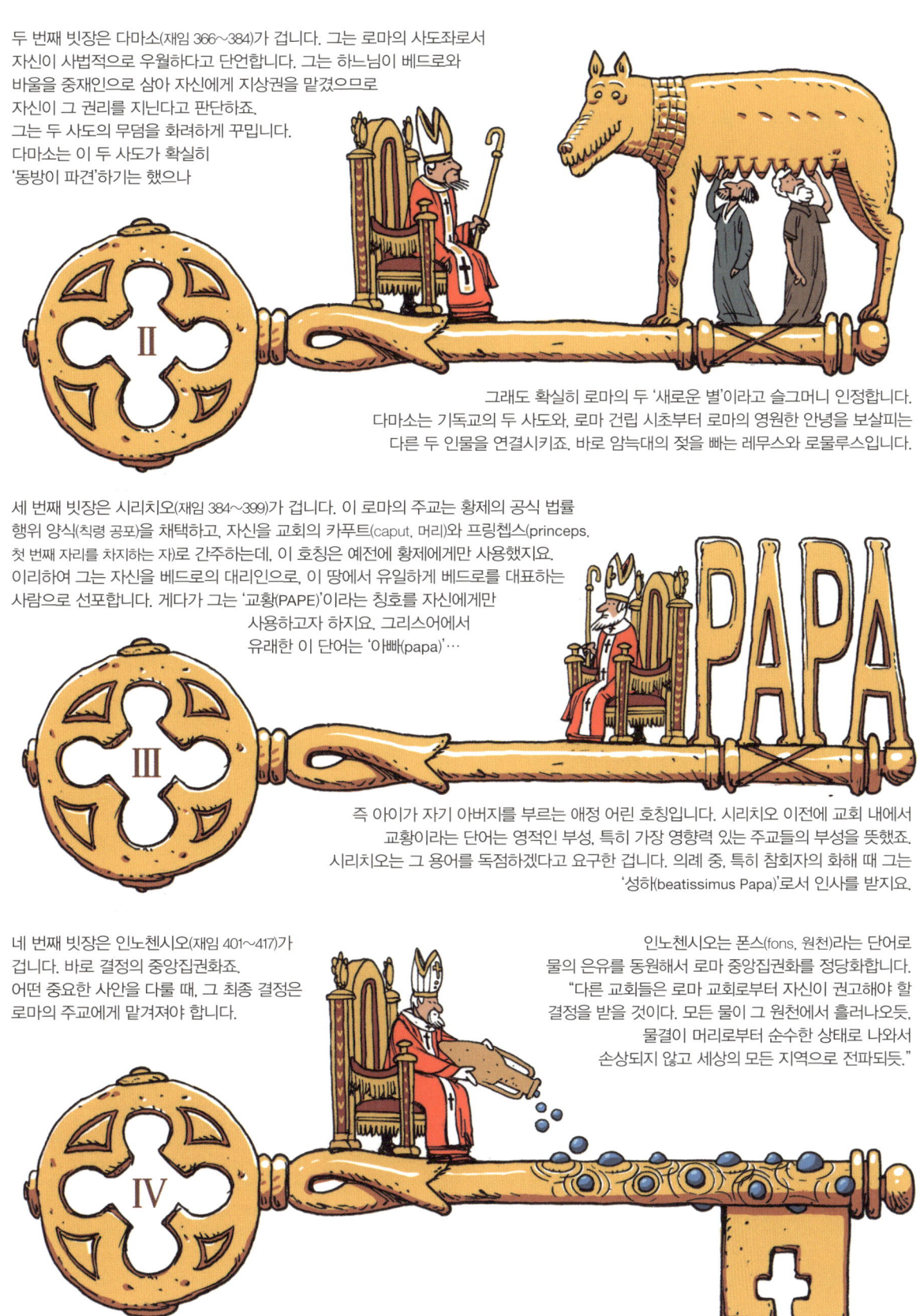

그래도 확실히 로마의 두 '새로운 별'이라고 슬그머니 인정합니다. 다마소는 기독교의 두 사도와, 로마 건립 시초부터 로마의 영원한 안녕을 보살피는 다른 두 인물을 연결시키죠. 바로 암늑대의 젖을 빠는 레무스와 로물루스입니다.

세 번째 빗장은 시리치오(재임 384~399)가 겁니다. 이 로마의 주교는 황제의 공식 법률 행위 양식(칙령 공포)을 채택하고, 자신을 교회의 카푸트(caput, 머리)와 프링쳅스(princeps, 첫 번째 자리를 차지하는 자)로 간주하는데, 이 호칭은 예전에 황제에게만 사용했지요. 이리하여 그는 자신을 베드로의 대리인으로, 이 땅에서 유일하게 베드로를 대표하는 사람으로 선포합니다. 게다가 그는 '교황(PAPE)'이라는 칭호를 자신에게만 사용하고자 하지요. 그리스어에서 유래한 이 단어는 '아빠(papa)'…

즉 아이가 자기 아버지를 부르는 애정 어린 호칭입니다. 시리치오 이전에 교회 내에서 교황이라는 단어는 영적인 부성, 특히 가장 영향력 있는 주교들의 부성을 뜻했죠. 시리치오는 그 용어를 독점하겠다고 요구합니다. 의례 중, 특히 참회자의 화해 때 그는 '성하(beatissimus Papa)'로서 인사를 받지요.

네 번째 빗장은 인노첸시오(재임 401~417)가 겁니다. 바로 결정의 중앙집권화죠. 어떤 중요한 사안을 다룰 때, 그 최종 결정은 로마의 주교에게 맡겨져야 합니다.

인노첸시오는 폰스(fons, 원천)라는 단어로 물의 은유를 동원해서 로마 중앙집권화를 정당화합니다. "다른 교회들은 로마 교회로부터 자신이 권고해야 할 결정을 받을 것이다. 모든 물이 그 원천에서 흘러나오듯, 물결이 머리로부터 순수한 상태로 나와서 손상되지 않고 세상의 모든 지역으로 전파되듯."

로마 제국의 멸망!

인노첸시오가 교황으로 재위 중인 5세기 초부터 게르만족(알라니족, 반달족, 서고트족, 동고트족, 수에비족, 훈족)이 이주하고 침공해 와서 이탈리아와 갈리아, 서로마 제국부터 아프리카까지 앞다투어 정복합니다.
알라리크는 기원전 390년 이후로 점령당한 적이 없던 로마를 410년 8월 24일부터 27일까지 점거하고 약탈하지요.

476년에 스키리(게르만족) 출신 외적의 수장 오도아케르가 자기 군대에 의해 왕으로 선포되고 서로마 제국의 마지막 황제인 로물루스 아우구스투스를 투옥합니다. 서로마 제국이 멸망한 것이죠.

새 왕 오도아케르는 자주색 겉옷을 비롯한 황제의 상징물을 동로마 제국의 황제 제논에게 보냅니다. 이 상징적 행위는 로마의 정치적 지상권이 끝났음을 뜻하죠. 이제 로마 제국의 유일한 정치적 수도는 콘스탄티노플이고, 황제는 제논입니다.

서로마 제국의 아프리카 지역에서는 429년 봄부터 8만 명에 가까운 반달족이 남녀노소를 가릴 것 없이 지브롤터 해협을 건너가 별 저항도 받지 않고 로마령 아프리카를 차지합니다.

서로마 제국이 북아프리카와 서유럽에서 멸망하자 두 세계가 서로 단절되죠.
한쪽에는 동로마가 황제를 중심으로 정치적으로 강력한 체제를 유지하고, 다른 쪽에는 황제를 잃은 서로마가 여러 사안을 관리할 유일한 기구로서 기독교에 의지하는데, 그 머리와 중심은 로마 교회이고…

…그 사상가는 신학자이자 아프리카의 주교인 아우구스티누스지요.

제국의 라틴화
창설

로마 제국이 한창 멸망해가는 중에 기독교계 최초의 '거물' 아우구스티누스가 등장합니다.
뒤늦게 개종한 아우구스티누스는 수도사에 작가요, 주교, 사법관에 신학자였습니다.
그리스어를 잘하지 못했던 그는 라틴어로 방대한 저작을 남깁니다.
그의 저작은 로마 가톨릭교회의 구원과 은총 개념에 오늘날까지도 깊이 영향을 끼치며,
신자들이 역사의 의미를 이해하고 전 세계에서 교회가 지닌 위상을 나타내는 방식에도 깊이 스며들어 있죠.
또 서로마가 동방에서 온 반달족과 다른 이민족들에게 침공당한 상황에서
교황은 '베드로의 계승자'로서 황제뿐 아니라 기독교 세계의 다른 주교들에 대한 자신의 권한을 늘리죠.
교황들은 '거짓 문서'도 서슴지 않고 근거로 내세우며
구원이라는 재산에 대한 최고 관리인으로서 권한을 주장합니다.
베드로의 자리에 오른 로마 주교가 나머지 세상을 군림하는 것이죠.
이런 일이 정치권의 황제뿐 아니라 동로마 교회와 별다른 긴장과 갈등을 빚지 않고 이루어지지는 않습니다.
이렇게 기독교의 라틴화가 진행되는 와중에 아라비아 반도에서는
기독교에 대항하는 강력한 세력, 바로 이슬람교가 등장하지요…

아우구스티누스(354~430):
기독교계 최초의 거물!

타가스테와 로마, 밀라노에서 수사학을 가르치던 아우구스티누스는 밀라노의 주교 암브로시우스를 만납니다.

그는 이 주교의 영향을 받아 마니교를 버리고 선악에 대한 보다 미묘한 관점, 기도와 신을 '내적으로 실천'하는 것의 중요성을 발견합니다.

그는 386년에 바울이 쓴 〈로마 신자들에게 보낸 서간〉(13, 13-14)을 읽고 회심하죠.

"밤이 깊었고 낮이 가까이 왔습니다. 그러니 어둠의 행실을 벗어 버리고 빛의 갑옷을 입읍시다.

대낮처럼 품위 있게 행동합시다. 흥청대는 술잔치와 만취, 음탕과 방탕, 다툼과 시기 속에 살아가지 맙시다. 그 대신 주 예수 그리스도를 입고, 욕망을 채우려고 육신에 몰두하는 일을 그만두십시오."

회심 이후 그는 387년 부활절 밤에 아들 아데오다토와 함께 세례를 받고 "주 예수 그리스도를 입습니다".

아프리카로 돌아온 그는 3년 동안 '하느님의 종' 공동체를 조직하고, 집단적인 신앙을 강조하는 수도 생활의 규칙을 정하지요.

아들 아데오다토가 죽자 그는 친구인 발레리우스 주교의 부탁을 받고 알제리의 히포로 갑니다. 그는 391년에 사제로 서품되고, 5년 뒤 대중의 압도적인 지지를 받아 히포의 주교가 됩니다.

주교가 된 그는 목자로서 신자들에게 복음을 전하는데, 이때 강조한 유일한 행동 방침이 기독교 역사에서 유명해지죠. 바로 "사랑하라, 그리고 네가 원하는 것을 하라"입니다.

아우구스티누스는 주교로서 '교회 법정'을 주관하는데, 여기에는 아주 사소한 사적 분란(가족의 분란, 논쟁)부터 아주 극적이고 폭력적인 분란까지 제소되었죠. 그는 매번 형제애적 사랑과 하느님의 사랑이 중요함을 상기시킵니다.

아우구스티누스는 아주 기초적인 그리스어만 알았으므로, 그때까지 그리스어로 '아가페'라고 지칭된 이 사랑을 일컬으며 카리타스(caritas, 애덕)와 딜렉티오(dilectio, 자애)를 사용했습니다. 그리고 사람들의 마음에 이 감정을 각인시키려고 널리 보급합니다.

아우구스티누스는 무엇보다 뛰어난 작가이자 인류 역사상 최초의 위대한 신학자죠. 그는 우리에게 113편의 논설과 200통이 넘는 편지, 500건이 넘는 강론을 남겼고, 이 글을 통해 당대 지식인들과 대화했죠.

아우구스티누스는 이 방대한 저작을 통해 410년 로마 약탈 이후 로마 제국이 한창 멸망해가는 와중에 핵심적인 세 가지 질문에 답하고자 합니다.
1. 어떤 교회가 진정한 교회인가?
2. 인간은 어떻게 구원받는가?
3. 역사의 의미는 무엇인가?

1. 어떤 교회가 진정한 교회인가?

아우구스티누스는 35년간 카르타고의 주교를 지냅니다. 그는 대부분 결혼한 다른 주교들과 달리 죽을 때까지 사제, 부제들과 더불어 엄격한 공동체 생활을 따르며 삽니다. 그들은 독신과 가난의 서약 및 검은 사제복으로 일반 시민과 구분되죠.
하지만 아우구스티누스의 수도 생활은 그리스인에서 그랬듯 금욕이 아니라 '화합과 사랑'에 근거한 공동생활을 특징으로 합니다.

아우구스티누스는 이렇게 공동체적인 ('마음으로 결합된') 화합 생활을 바탕으로 북아프리카 교회뿐 아니라 유럽의 교회를 뒤흔든 두 가지 위기를 고찰합니다.

첫 번째는 '도나투스주의' 위기입니다. 355년에 죽은 도나투스는 엄격한 기독교인으로서 여러 신자 공동체를 이끄는데, 디오클레티아누스 황제의 박해(303~304) 이후로 카르타고 주교의 권한을 부정하죠. 그는 교회 내에서 신자 일부를 분리하는 이교(schisme, 그리스어로 '분할')를 조장합니다.
왜일까요?

도나투스는 카르타고의 주교를 '배교자' '신앙의 배신자'로 간주합니다. 기독교인 박해 때 주교가 종교 서적과 물건을 로마 당국에 넘김으로써 자기 신앙을 저버렸기 때문이죠.

박해가 끝난 후 기독교가 로마 제국의 국교가 되자, 도나투스주의자들은 로마 점령자들에게 협력한 사람들이 파면되기를 원합니다. 기독교인으로서 세례 성사를 줄 '자격이 없기' 때문이죠.

내통자들 같으니!

로마인에게 박해받은 교회가 도나투스주의자들을 박해하고 설교하는 교회가 됩니다.

'내통자들'을 계승한 아우구스티누스는 과거를 '잊고' '교회의 일치'를 이루자고 제안합니다. 그는 자신의 글에서 '보편적이고 유일한 가톨릭' 교회의 이름으로 흩어진 조각을 붙여 분열을 해소하자고 제안하죠.

그는 이로써 그리스도와 하나 되고 재통합된 가톨릭교회의 기초를 놓고, 이러한 기초는 역사적으로 로마 교회가 북아프리카와 유럽에서 발달한 근거가 되지요.

두 번째 위기의 발단은 불신자를 개종시키기 위해 강제력을 사용하는 문제입니다. 콘스탄티누스 황제 이후로 교회와 국가는 항상 기독교인의 일치를 유지하는 데 관심을 두는데, 완전히 없애는 데는 성공하지 못합니다…

…점점 늘어나는 이단 교회들 말이죠. 여기에는 주교의 권위에 반발하는 도나투스파, 마니교, 자신만의 종교의식을 실천하는 지방 교회 등이 있습니다.

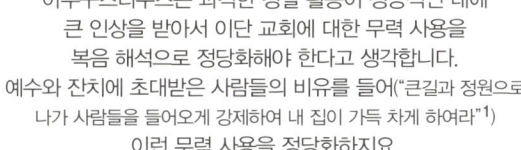
아우구스티누스는 과격한 경찰 활동이 성공적인 데에 큰 인상을 받아서 이단 교회에 대한 무력 사용을 복음 해석으로 정당화해야 한다고 생각합니다. 예수와 잔치에 초대받은 사람들의 비유를 들어("큰길과 정원으로 나가 사람들을 들어오게 강제하여 내 집이 가득 차게 하여라"[1]) 이런 무력 사용을 정당화하지요.

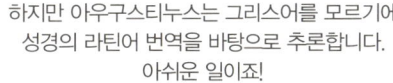
하지만 아우구스티누스는 그리스어를 모르기에 성경의 라틴어 번역을 바탕으로 추론합니다. 아쉬운 일이죠! 그리스 신학자들이 초대와 권고로 해석한 이 '잔치'의 우화에서 그는 오로지 강압만을 보았으니까요.

2. 인간은 어떻게 구원받는가?

아우구스티누스가 보기에 인간은 '원죄'로 타락해 있습니다. 원죄는 뱀이 이브에게 건넨 유명한 '사과' 형태를 취하죠. 이브는 뒤이어 아담에게 사과를 맛보게 합니다.

그런데 이 사과는 결코 성경에 등장한 적이 없지요.

사실 성경에는 금지된 열매인 '행복과 불행을 알게 하는 나무의 열매'가 언급되죠. 인간이 이 열매를 먹으면 자신을 하느님으로 여기고

자신의 선악 개념을 다른 인간에게 강요하게 됩니다. 그들에게 해악을 끼치는 한이 있더라도 말이죠.[2]

그런데 중세 화가들은 창유리나 채색 삽화로 이 금지된 열매를 표현할 때 당시에 유럽에서 가장 흔히 먹던 과일의 모습을 사용합니다. 바로 사과지요.

1) 루카(14, 23)
2) 창세기(2, 9-16; 3, 22-23)

아우구스티누스는 라틴어 번역본 성경의 〈로마 신자들에게 보낸 서간〉에서 '아담의 잘못'에 관해 읽습니다. "그 안에서 모두 죄를 지었습니다."(5, 12) 즉 모든 인간이 근본적으로 '본래' 죄인이며, 모든 인간이 자기 안에 원죄를 지닌다는 거죠.

이 '원죄'는 '원초적 잘못'의 매개인 성행위로 전달됩니다. 방탕한 생활을 한 이후에 개종했던 그는 성행위와 그에 따르는 육체적 욕망을 더욱 맹렬히 비난합니다.

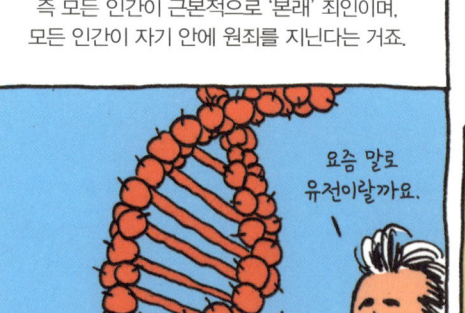

요즘 말로 유전이랄까요.

인간은 태어날 때부터 이미 죄인이죠.

우에에엥

바로 이런 이유로 아우구스티누스는 어린아이에게 세례를 하라고 권합니다. "죽음과 악덕, 관계, 예속 상태, 죄의 암흑으로부터" 아이들을 구원하기 위해서죠. "나이 덕분에 아직 그런 일을 저지르지 못해 원죄만 남아" 있으니까요.

아우구스티누스에게 인간은 근본적으로 죄인이죠. 그런데 그가 그리스어를 잘 알았다면, 다르게 해석했을 겁니다.

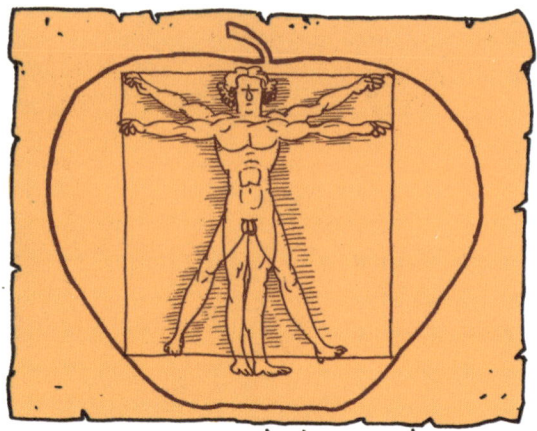

'원죄' 개념은 교회에서 신체의 역사 전체에 영향을 미칩니다. 이 개념은 두 가지 관점에 따라서 성을 억압하는 일을 정당화하지요.

그리스 신학자들은 〈로마 신자들에게 보낸 서간〉에서 '아담의 잘못'을 다음처럼 해석합니다. "아담 이후로 모두가 죄를 지었"는데, 이 죄는 인간을 구성하는 측면 중 하나죠. 인간을 구성하는 또 다른 측면은 '사랑을 체험하는 능력'으로, 여기에서 성행위는 세대 간에 죄를 물려주는 데에 아무런 역할도 하지 않습니다.

첫 번째 관점: 아우구스투스의 원죄 개념은 당대 여성에 대한 일반적인 인식에 사로잡혀 있습니다. 여자는 신체적으로 남자에게 종속되어야 한다는 생각인데 여기에는 두 가지 주요한 이유가 있지요.

일단, 〈창세기〉에서 여자는 남자 '자신'을 위해 '남자의 갈비뼈 하나'로부터 창조되지 않았던가요?[3] 다른 한편, 어쨌거나 아담에게 금지된 열매를 맛보게 한 것은 이브지요!

그런데 라틴어 번역과 달리 유대교 및 랍비 전통에서는 이 부분을 다르게 해석합니다. 이브는 아담의 '갈비뼈(côte)'에서 만들어진 게 아니라, 아담의 '곁(côtes)'에 있습니다. 이로써 이브는 아담과 닮은 존재이고… 그들은 실제로 나란히 있지요!

두 번째 관점: 아우구스티누스에게 성관계는 출산할 목적으로만 이루어져야 합니다…

…〈창세기〉의 가르침에 따라 말이죠. "너희는 자식을 많이 낳고 번성하여라. 땅에 우글거리고 그곳에서 번성하여라."[4] 그 자체로 구하는 성적 쾌감은 죄이며, 따라서 억압되지요.

리비도에 대한 이런 억압은 아우구스티누스 이후로 남녀 간 성적 욕망의 가치를 되살린 지그문트 프로이트에 이르기까지 남녀에게 짐이 됩니다.

3) 창세기(2, 20-22)
4) 창세기(9, 7)

아우구스티누스는 일단 "이 모든 것에서 인간이 기여하는 부분은 무엇일까?"라는 질문을 제기한 후 거기에 대답합니다. 이를 위해 400~411년에 로마에서 매우 영향력 있던 영국 출신 수도사 펠라기우스와 대립하죠. 이 수도사는 하느님의 은총을 받고 죄에서 해방되기 위한 인간의 자유 의지를 강조합니다. 일단 기독교인이 되면 사람은 구원을 향하여 자유롭게, 구약성경의 계명과 예수의 모범을 따라 스스로 행동함으로써 나아간다는 거지요.

펠라기우스와 견해가 전혀 다른 아우구스티누스는 인간의 자유 의지가 하느님의 은총과 아무런 상관이 없다고 봅니다. 그가 보기에 펠라기우스는 이단으로 빠졌죠.
사실 인간은 이중으로 운명 지워집니다.
일단, 하느님은 몇몇 남녀가 '천복'을 받아 구원받도록 예정해놓지요.

다른 한편, 남녀 대다수는 유죄입니다.
마니교와 젊은 시절의 방탕한 생활에 영향을 받은 아우구스티누스는 펠라기우스와 논박하면서 인간이 어쩔 수 없이 죄인이며 항상 하느님의 은총을 필요로 한다는 개념을 강조하죠.
펠라기우스와 그 추종자들은 431년 에페수스 공의회를 비롯한 몇 차례 공의회에서 유죄 판결을 받습니다.

한편, 아우구스티누스의 사고는 역사에 큰 흔적을 남기고, 이는 칼뱅이 프로테스탄트 종교 개혁을 하는 데 활용되지요.

3. 역사의 의미는 무엇인가?

410년 8월 28일,
영원할 것만 같았던 로마는 알라리크의 군대에 침략과 약탈을 당합니다.
극악무도한 잔혹함을 전하는 피난민의 증언을 듣고
아우구스티누스는 412년과 424년 사이에 쓴 최후의 거작 《신국론》으로 답하죠.
그는 고대 로마의 붕괴라는 재앙을 영적·정치적으로 극복하고자 합니다.
그리고 역사에 대한 최초의 광범위한 해석을 우리에게 전합니다.
역사가 지상의 나라와 신의 나라 사이에서 벌어지는 싸움이라는 해석이지요.

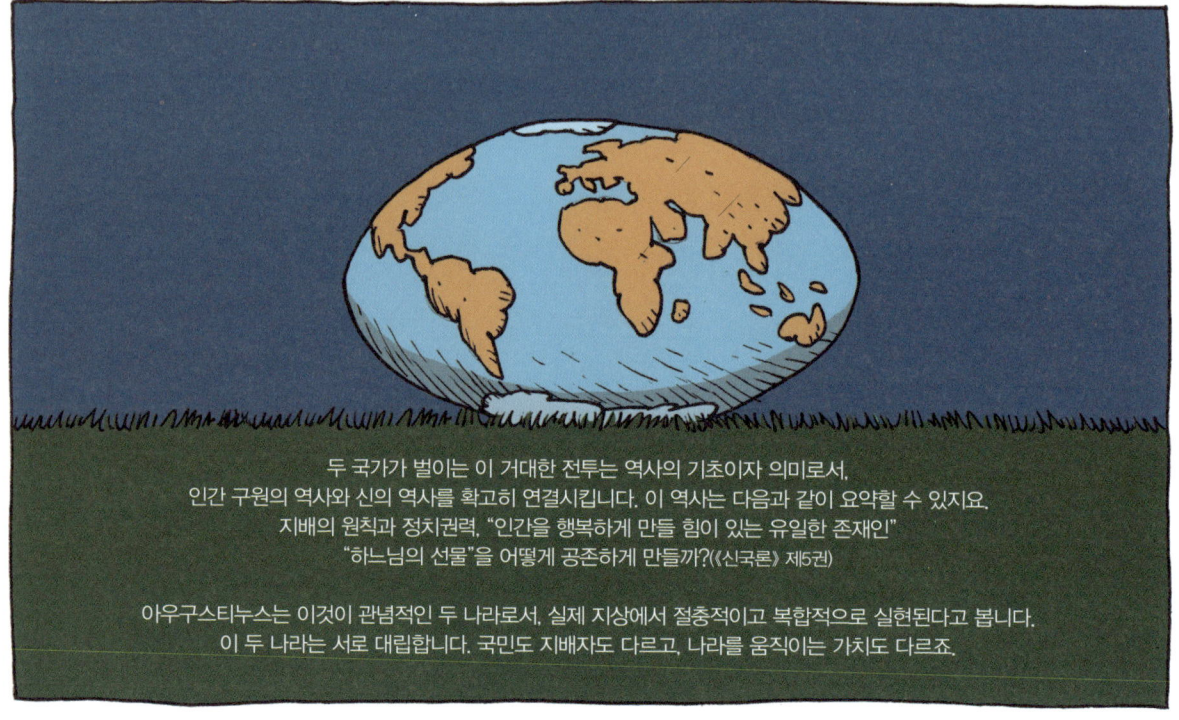

두 국가가 벌이는 이 거대한 전투는 역사의 기초이자 의미로서,
인간 구원의 역사와 신의 역사를 확고히 연결시킵니다. 이 역사는 다음과 같이 요약할 수 있지요.
지배의 원칙과 정치권력, "인간을 행복하게 만들 힘이 있는 유일한 존재인"
"하느님의 선물"을 어떻게 공존하게 만들까?(《신국론》 제5권)

아우구스티누스는 이것이 관념적인 두 나라로서, 실제 지상에서 절충적이고 복합적으로 실현된다고 봅니다.
이 두 나라는 서로 대립합니다. 국민도 지배자도 다르고, 나라를 움직이는 가치도 다르죠.

《신국론》(14권 28절)에서 아우구스티누스는 이렇게 요약합니다.

그러니 두 사랑이 두 나라를 세웠다. 하느님을 경시하기에 이른 자기 사랑은 지상의 나라를, 자기 자신을 잊기에 이른 하느님의 사랑은 하느님의 나라를 세웠다. 한 사랑은 자기를 자랑스레 여기고, 다른 사랑은 주님 안에서 영예로워진다. 한 사랑은 인간에게 자신의 영광을 요구하고, 다른 사랑은 자기 양심의 증인인 하느님에게 가장 소중한 영광을 바친다. 한 사랑은 자기 영광에 겨워 머리를 쳐들고 걸으며, 다른 사랑은 자신의 하느님에게 이렇게 말한다. "당신은 저의 방패, 저의 영광, 저의 머리를 들어 올려주시는 분이십니다." 5

5) 시편(3, 4)

《신국론》은 이렇게 서구에서 세계를 보는 두 관점 사이의 대결을 해석하는 기초를 놓습니다.

430년 8월 28일, 히포에서 사망한 아우구스티누스는 대결의 결말을 보지 못했고, 이 대결은 오늘날까지도 계속되지요!

로마 제국이 이렇게 쇠퇴하는 와중에 교황 보니파시오(재임 419~422)는 다섯 번째 빗장을 걸어 파괴된 서방에서 자신의 권력을 강화합니다.

그는 자신을 교회의 '사도적 정점'으로 간주합니다. 로마의 주교는 신자들을 가르치고 교리의 방향을 정하는 '베드로의 자리'를 차지할 뿐 아니라, '제1석'을 차지하고 서구에서 교회의 최고 판관이 되고자 합니다.

보니파시오의 연장선상에서 '대교황' 레오(재임 440~461)는 '제1석'의 전적인 권한을 정당화하지요. 이 여섯 번째 빗장이 놓인 근거는 이렇습니다.

1) 성경에 대한 매우 개인적인 해석. 2) 예수로부터 직접 '왕국의 열쇠들에 대한 권한'을 부여받은 베드로가 지닌 권한을 '대교황' 레오가 지녔다고 사법적으로 주장하도록 해주는 로마법. 3) 로마에서 베드로의 계승자로 자칭하는 클레멘스 주교가 예루살렘에 거주하는 예수의 '형제' 야고보에게 썼다는 편지.

이 꾸며낸 이야기의 영향으로 850년쯤에 '허위 교황령'이 작성되는데, 서구 역사에서 그 영향은 엄청납니다. 그중 가장 유명한 것은 〈콘스탄티누스의 기증〉으로, 이 교황령에서는 황제가 실베스테르 교황에게 동방 교회에 대한 지상권과 서구에 대한 정치적 권한을 줍니다.

이것도 거짓이죠!

그런데 이것도 부족해서, 4세기에 시누에사 공의회(303) 기록은 이렇게 규정합니다…

제1석은 그 누구의 판단에도 따르지 않는다

그런데 이 공의회는 허구입니다. 전혀 존재하지 않았죠! 이는 로마 주교를 황제와 다른 주교들의 통제에서 벗어나게 함으로써 사법 권한을 확고히 하기 위한 것이었죠.

제1석은 그 누구의 판단에도 따르지 않는다

황제와 주교 사이의 갈등

그런데 왕과 황제의 권력인 세속 권력이
로마 주교에게 당하지만은 않습니다!
5세기부터 영적 권력과 세속 권력은 대립하지요.

'이민족 왕국'들이 건립된 이후 주교 공의회에서는
서구에서 법적으로 주교는 왕이나 황제의 동의 없이
성직자와 국민에 의하여 선출되어야 한다고
끊임없이 상기시키지요.

그렇지만 이러한 원칙은 세속 권력의 맹렬한 공격을 받습니다. 로마의 멸망(476) 이후 메로빙거 왕조(481~751)의
프랑크족 왕들은 왕들 중 최초로 기독교로 개종하고 자신들이 주교 임명에 관여할 권한을 지녔다고 간주합니다.
세례받은 왕이니까요… 역사학자들에 따르면 496년과 499년 사이에 프랑크 왕 클로비스가
랭스에서 성 레미 주교에게 받은 유명한 세례식의 관건도 바로 이것이죠.

왕과 황제들은 주교들이 국민에게 끼치는 영향력과 그들의 경제력을 이유로 들어서 점점 더 집요해집니다.
여러 영토가 주교구에 속해 있기 때문이죠. 결국 주교들은 '자신의' 수하들을 왕이나 황제의 측근으로 만듭니다.
이에 따라 549년 오를레앙 공의회에서는 주교 선출 원칙을 확인하는 동시에,
그 어떤 주교도 왕이나 황제의 허락 없이는 서임될 수 없다고 인정하죠.

590~604년에 교황을 지낸 대(大) 그레고리오는 여덟 번째 빗장을 거는데,
이는 교황의 신권 정치, 즉 주교-왕의 권위입니다. 처음에 그는 정치를
자신이 그 수호자이자 변호인인 기독교 윤리에 종속시킬 야망을 품습니다.
이 금욕적인 수도사에게 왕권은 '천상 왕국을 위하여' 존재하지요.
그래서 이 베드로의 계승자는 마우리키우스 황제에게 다음과 같이 씁니다.

"모든 인간에 대한 권한은 천상으로부터
나의 제후들[황제와 그 아들]의 신앙심에 주어졌으며,
이는 올바르게 행하고자 하는 사람들을 돕고,
하늘로 향하는 길을 더 넓게 열며, 지상 왕국이
천상의 왕국을 위해 존재하기 위함입니다."

하느님의 왕국에 기여하기 위한 왕권은
로마 주교의 지배 아래에 있습니다.
베드로의 계승자인 로마 주교가 다른 모든
주교보다 우위를 차지하기 때문이죠!

서방 교회와 동방 교회: 폭풍 전의 비바람

예전에 그리스와 라틴 엘리트는 공통의 언어로 말했습니다. 바로 그리스어죠.
이제 모든 엘리트는 자신들이 이끄는 국민처럼 모두 자신의 모국어로 말합니다.
매우 교양 있고 대사를 지낸 적도 있는 대 그레고리오 교황조차
그리스어를 말하지 못하죠.

문화적인 측면에서 그리스 세계와
라틴 세계는 점점 더 달라지고,
무엇보다 서로를 잘 모르게 됩니다.
각자 자기 방식대로 살아가며
상대방은 신경 쓰지 않지요.

Domine!*　　Κύριε!*

* 주님

종교 및 문화적 측면에서 라틴 사제들은 머리를 짧게 깎고, 대부분 독신이며, 그리스인을 싫어합니다.
그리스 사제들이 수염을 기르고 결혼하고 가정을 지녔기 때문이죠. 라틴 사람들에게 그들은 그야말로 '진기한 동물'이죠.

하지만 이런 언어, 문화, 종교적 요인이 반드시 분열로 이어져야 했을까요?

전혀 그렇지 않습니다! 결정적 요인은 주교들 사이의 권력 문제죠. 동방 사람들이 보기에 영적이고 규율에 관한 측면에서
로마 주교가 다른 모든 주교의 수장으로서 점점 더 큰 권위를 갖는 상황이 파란의 원인입니다.
더욱이 우리가 현재 로마 교회와 그 주교들에 대해 갖고 있는 초기 자료는 3세기 중반까지 단편적이라서
로마 교황에 관하여 명시된 최초의 정확한 날짜 기록은 265년 9월 28일 폰시아노 교황의 사임 기록이죠.
그래서 동방 교회는 역사적으로 로마의 대주교 지위를 인정하긴 하지만,
로마 교황이 베드로의 유일한 계승자로서 법과 규율, 교리에 관하여 우위를 차지하는 것은 거부합니다.

실제로 동방 사람들은 베드로가 왕국의 열쇠를 받은 것이 영적인 이유에서라고 생각합니다.
베드로는 그때 막 개종했고 "스승님은 살아 계신 하느님의 아드님 그리스도이십니다"[6]라고 예수에 대한 신앙을 선포한
최초의 인물이었죠. 예수는 곧바로 베드로에게 그 유명한 열쇠들을 맡깁니다. 동방 교회에서 이 사건으로 '감독' 또는 주교라는
직무가 탄생하고, 주교는 그리스도에 대한 자기 신앙을 공언하고, 베드로에 이어 그 역시 천국의 열쇠를 받습니다.
그래서 동방에서는 모든 주교가 베드로의 계승자고 그들 사이에 서열이 전혀 없지요.
로마와 콘스탄티노플, 알렉산드리아, 안티오키아, 예루살렘의 총대주교(그리스어로 '선조들 중 으뜸'이라는 말에서 유래)들은
재직 연수 및 영예에서 우위를 차지합니다. 그들의 권고는 중시되지만,
다른 주교들에 대한 사법권이 없지요…

…서방 교회는 정반대입니다! 라틴 사람들은 베드로의 계승자는 로마 주교뿐이라고 생각합니다. 왜일까요?
로마 가톨릭 전통에 따르면 베드로가 바오로와 함께 로마에서 죽고 매장되었기 때문이죠.
게다가 열쇠에 대한 권한은 단지 영적일 뿐 아니라 사법적이기도 합니다. 실제로 법으로 제정된 규율과 사법화가
라틴 사람들에게는 매우 큰 비중을 차지하지요. 그래서 로마의 주교는 자신이 영향을 받고
그 사법 스타일을 본뜬 로마 황제처럼 서열의 꼭대기에 자리합니다.

6) 마태오(16, 16)

7) 막심 로댕송, 《마호멧》, 두레, 1983

이슬람교에서 샤리아에는 두 측면, 두 유형의 법이 있습니다. 한쪽에는 신의 법, 종교의 법이 있고, 다른 쪽에는 인간의 법, 사회 속에서 사람들 사이의 관계를 조직하는 법이 있지요.

현실에서 이 믿음들은 샤리아에 따른 사회적 태도를 만들어냅니다. 아랍어로 샤리아는 중립적 의미의 '법'을 뜻합니다. 《코란》에서 샤리아는 "신을 향한 길", 진실과 관계 맺는 인간의 올바른 행동을 뜻하죠.

샤리아 샤리아 샤리아
샤리아 샤리아 샤리아
샤리아 샤리아 샤리아
샤리아 샤리아 샤리아
샤리아 샤리아 샤리아
샤리아 샤리아 샤리아
샤리아 샤리아 샤리아

신의 법은 신을 숭배하기 위한 주요 의무로 구성되는데, 이를 보통 이슬람의 다섯 기둥이라고 부릅니다.

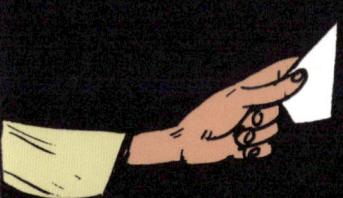

1) 신앙 고백, 또는 '확인', 아랍어로 '샤하다'. "나는 알라 이외에 다른 신은 없으며, 무함마드가 알라의 예언자임을 선언한다."

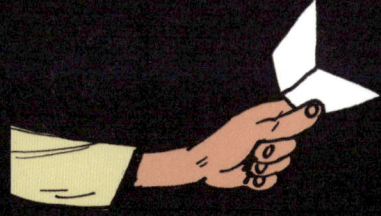

2) 하루에 다섯 번 메카를 향해 기도(살라트)함으로써 신자는 신과 관계를 유지합니다.

3) 자선 또는 자카트(아랍어로 '순수'). 이는 생존에 필요한 최소한의 부를 넘어서는 모든 부에 대하여 부과되는 일종의 법적인 세금으로서 현재 신자 소득의 2.5퍼센트로 계산됩니다. 이 돈은 가난하거나 수입이 없는 사람들이 존엄을 유지할 수 있도록 지급되죠.

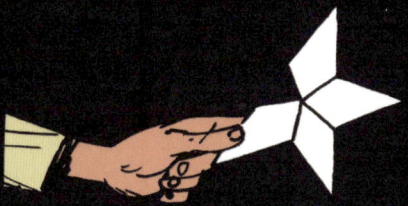

4) 이슬람력 9월인 라마단에 실시하는 단식 또는 '사움'. 단식은 '단절 축제'인 이드 알피트르로 종료됩니다.

5) 마지막 기둥은 메카 순례인 '하즈'입니다. 메카는 이슬람교에서 일치와 평등의 장소로서 그곳에는 화강암 건조물인 카바(아랍어로 '정방형')가 놓여 있습니다. 《코란》에 따르면 이는 아브라함 시대에 기원을 둡니다. 순례자는 카바 주위를 일곱 번 돌고 한 번 돌 때마다 이슬람교도가 신에게 바치는 충성의 상징인 검은 돌에 입을 맞춥니다. 신자는 평생에 적어도 한 번은 메카 순례를 해야 하지요.

하즈는 이슬람력 12월의 열 번째 날에 '희생 축제'인 이드 알아드하 또는 이드 알카비르가 열리며 절정을 이룹니다. 전 세계의 이슬람교도가 아브라함의 희생을 기념하며 이날을 축하하죠. 신은 아브라함의 믿음을 시험하려고 아들을 제물로 바치라고 명령했습니다. 아브라함이 신의 명령을 받아들여 신에 대한 믿음을 나타내 보이자 아브라함의 아들은 양으로 대체되고 양이 희생 제물로 바쳐지죠.

신의 법 다음에는 알무아말라트라고 부르는 인간의 법이 있습니다. 문자 그대로 보면 이는 '사이-대우', 즉 사람이 다른 사람을 대하는 방식을 뜻하죠. 이 인간의 법은 네 가지 법적인 원천과 사회에서 처신하는 한 가지 방식으로 이루어집니다.

첫 번째 원천은 《코란》, 아랍어로 '낭송(القرآن)'인데, 이는 신자를 위한 신의 말씀이죠. 이 신념으로부터 《코란》이 서로에 대한 법을 결정하는 진실과 기준을 담고 있다는 원칙이 나옵니다. 《코란》은 종교뿐 아니라 법과 윤리의 원천이기도 하죠. 두 번째 원천은 아랍어로 '전통(سنة)'을 뜻하는 '순나'입니다. 하디스에 따르면 순나는 예언자의 모든 가르침, 특히 그의 말과 행동, 명시되거나 함축된 허락, 그의 도덕적 자질, 그가 표명한 반대, 일부 행동을 포기한 일 등을 포괄합니다. 하디스는 본래 구술 전언인데, 이를 확대 해석하여 그 모음집을 고유명사 《하디스》로 부르며, 수천 쪽으로 이루어진 이 책에는 무함마드의 행동과 말에 관한 전승이 모두 담겨 있지요.

사회에서 존재하는 방식은 개인적인 올곧음에 해당합니다. 조심성과 양심의 영역이죠. 사회에서 더 잘 살아가기 위한 관용, 친절, 조심성, 서로 돕기, 용서 같은 권고 사항입니다. 이러한 존재 방식은 '추방' 또는 '단절'을 뜻하고 무함마드의 동료들이 622년에 메카에서 야트리브 오아시스, 오늘날의 메디나로 떠난 사건을 일컫는 헤지라의 영향을 받지요. 이 사건으로 아랍인이 그때까지 알았던 사회와 근본적인 단절이 이루어집니다. 무함마드가 혈연관계(씨족 조직)를 기초로 한 사회 모델과 단절하고 신앙 공동체 모델을 장려하기 때문이죠. 모두가 '형제'인 이 새로운 사회 모델에서는 이제 더 이상 예전에 그랬듯 가난하거나 약한 사람을 내버려두면 안 됩니다.

스위스의 신학자이자 역사학자인 한스 큉이 밝힌 두 번째 이유는 신학적이고 문학적인 차원입니다.[8] 기독교에서는 "모든 것을 정의 내리려는 강박관념"이 있어서 신에 대한 정의를 두고 끝없이 논쟁을 벌이고 공의회를 열며 다투고 이로써 수 세기 동안 불화가 생깁니다. 그리스인은 "모든 것을 지적으로 분석"하려 들고, 라틴인은 "모든 것을 교리로 만들고 중앙집권화"하려 들죠. 그런데 이슬람은 신의 정의를 두고 논쟁을 벌이지 않고 구체적 일상의 문화적 실천에 먼저 관심을 둡니다. 기독교에서는 좋은 길을 생각하는 정교(orthodoxie)가 지배적이고, 이슬람교에서는 정해진 의식에 알맞게 행동하는 정행(orthopraxie)이 중시되죠.

8) 한스 큉, 이종한 옮김, 《그리스도교: 본질과 역사》, 분도출판사, 2019

© 예언자 마호메트
Al-Bîrunî, al-âthâr al-bâqiya(지난 세기의 유물),
BNF, Manuscrits(Arabe 1489 fol. 5v)

정치 또는 제국의 타락

기독교의 일탈에서 분발로?

동방에서 그리스도의 성상을 숭배하는 사람들과 이를 금지하려는 사람들이 충돌한 성상 위기(725~843)이든,
서방에서 카롤링거 왕조의 황제들이 베드로의 자리를 차지하려 한 상황이든,
기독교에서 정치적 문제는 중요해집니다. 로마의 주교를 필두로 주교들은 황제와 왕의 권위에 맞서죠.
샤를마뉴는 그 시대에 중요한 인물입니다. 그는 왕(768~800)이었고 황제(800~814)였으며 신학자로서
로마 가톨릭교회 전례에 대한 자신의 견해를 강요하다 동방교회와 수도원, 학교 제도와 갈등을 빚는데,
그 갈등이 너무도 심했기에 789년 《일반 훈계(Admonitio generalis)》를 기점으로
카롤링거 왕조가 부활했다는 말이 나오기에 이릅니다.
하지만 교황과 주교가 쓰는 '주교관(mitre, M)'의 지배라 불리는 교회의 지배에 정치,
즉 왕이나 황제의 '왕권(couronne, C)'이 이렇게 개입하는 일이 아무런 일탈 없이 이루어지지 않지요.
그런데 복음의 메시지를 생각하면 이 일탈의 정도는 참으로 심합니다!
교황 포르모소가 생전에 게르만족 황제들과 지나치게 가까웠다는 이유로 그를 재판하기 위해 파낸
그의 시신에 대해 논의하려고 797년 1월에 공의회가 소집되지요! 젊은 이탈리아 여인 마로치아는
교황의 애인이자 여러 교황들의 어머니, 할머니, 숙모로서 '로마의 창부정치' 시대를 엽니다.
이 '요염'의 지배는 무려… 144년 동안, 즉 904년부터 1048년까지
로마에서 '베드로의 계승자'를 임명하는 데 영향을 미칩니다. 게르만족 황제들의 영향에 맞서 싸우려고 말이죠!
이러한 타락에 직면해서 수도사들, 특히 909년에 창립된 클뤼니 수도원으로부터 쇄신이 이루어질까요?
수도원 제도는 과연 교황들의 제국을 구해낼까요?

동방의 성상 위기
또는 황제가 어떻게 교권에 영향을 미치나

이슬람교와 유대교, 동방 정교회의 공통점 하나는 신을 나타내는 형상을 거부하는 것입니다. 그리스어로 '형상을 부수는 사람'을 뜻하는 성상 파괴론자라 불린 성직자와 신학자들은 4세기부터 유대교의 영향을 받고 뒤이어 7세기부터 이슬람교의 영향을 받아서 이른바 '형상의 수하들'인 성상 숭배론자들의 종교 행위에서 그리스도와 성모, 성인들의 도상이 차지하는 과도한 위상에 반발합니다. 성상 파괴론자가 보기에 이러한 경배는 미신에 해당하고 숭배 대상을 착각한 행위죠. 신성한 대상은 하느님이고, 따라서 경배받아야 하는 것은 하느님이지 그 형상이 아닙니다! 형상은 신자가 신에게 전하는 요청의 매개물입니다. 따라서 형상은 단순한 숭상의 대상이지 경배(라틴어로 '신에게 요청하다')의 대상은 아니죠.

성상 파괴론자들에게는 중국의 성인 공자의 금언이 크게 와닿을 만합니다.

"현자가 달을 가리키는데, 바보는 손가락만 바라본다."

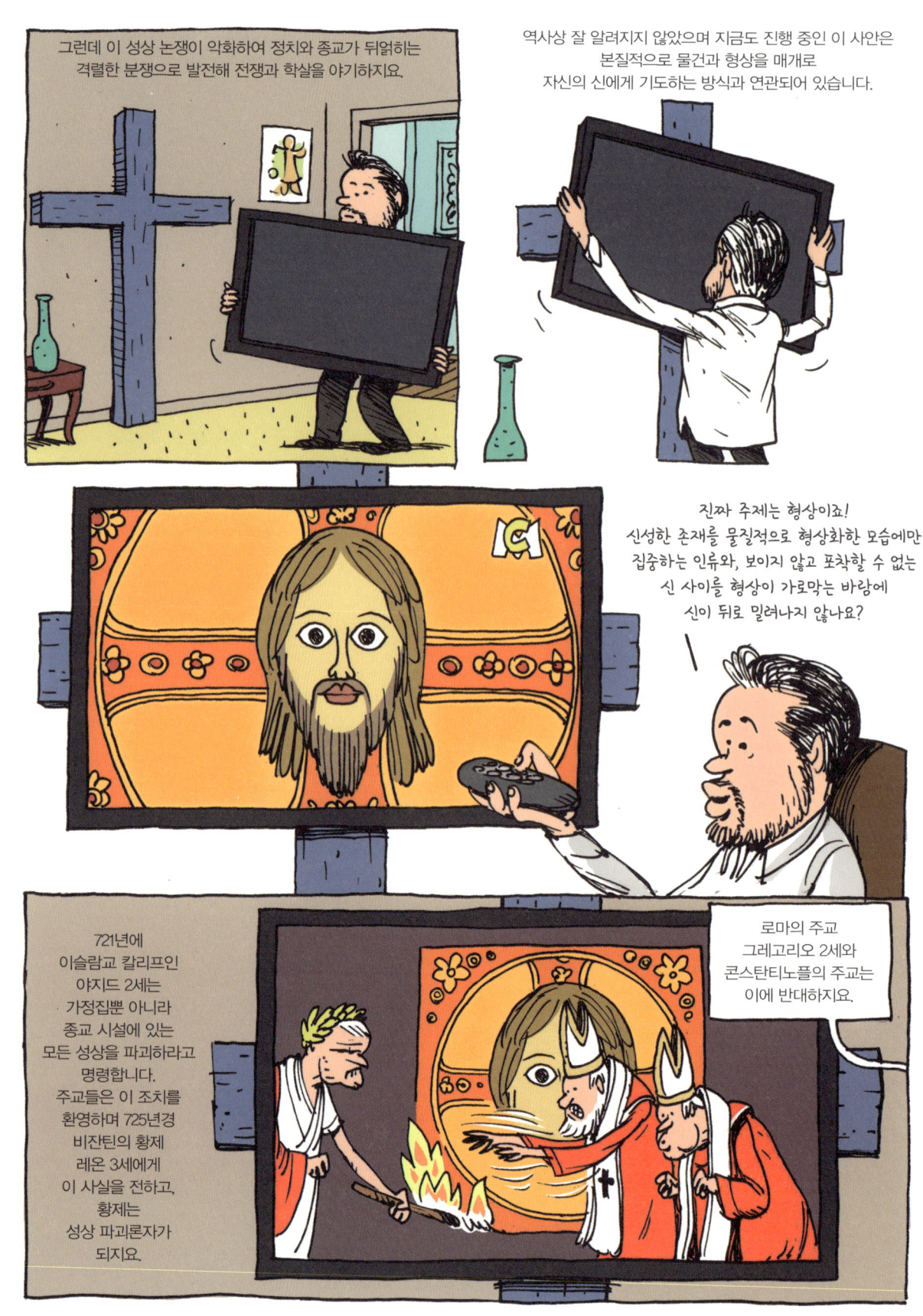

성상 파괴론자와 성상 숭배론자 사이에서 논쟁이 시작됩니다.
성상 숭배론자 신학자이자 수도사인 다마스쿠스의 요한은 성상 파괴론자 황제인 레온 3세에게
두 가지 주요 논거를 들어 답합니다.

"국가를 엄정하게 지배하는 것은
황제들의 몫이요,
교회를 지배하는 것은
목자와 교부들의 몫입니다."
각자 자기 모자를 지켜야 한다는 거지요!

황제 레온 3세는 크레타 섬 북쪽에서 화산이 수중 분화하여 새로운 섬이 하나 생긴 것을 보고 이를 신의 분노로 해석해 자기 입장을 유지합니다. 그는 이때부터 정식으로 성상 숭배론자들에 반대하는 입장을 취하죠.

"내가 숭배하는 것은 물질이 아니라 물질을 창조하신 분, 나 때문에 물질이 되신 그분입니다."
신이 인간의 몸으로 강생했으니 경의를 표해야 하죠!

레온 3세가 죽고 콘스탄티누스 5세가 그를 계승합니다.
아랍인과 불가리아인에 맞서 한창 전쟁을 치르던 와중에
신학자 황제 콘스탄티누스 5세는 사회에서 미신적이고
성상 숭배적인 관행을 없앰으로써
형상이 신과의 관계를 왜곡하지 않게 만들고자 합니다.
이슬람교와 영적인 경쟁이
가치 없었으니까요.

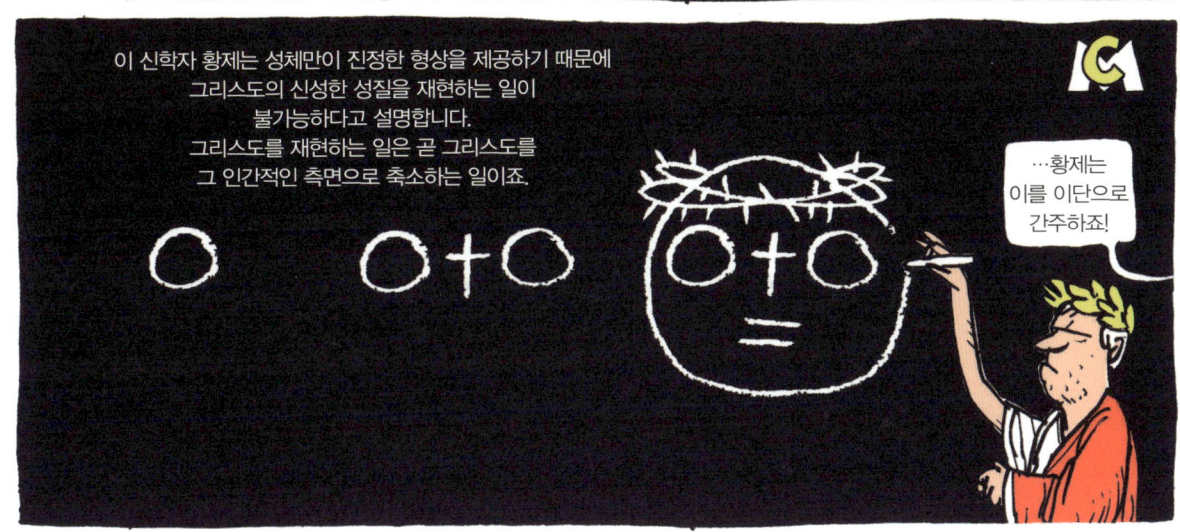

이 신학자 황제는 성체만이 진정한 형상을 제공하기 때문에
그리스도의 신성한 성질을 재현하는 일이
불가능하다고 설명합니다.
그리스도를 재현하는 일은 곧 그리스도를
그 인간적인 측면으로 축소하는 일이죠.

…황제는
이를 이단으로
간주하죠!

로마에서 그레고리오 2세의 뒤를 이은 교황 그레고리오 3세는 731년에 신학자 황제 콘스탄티누스 5세의 이러한 주장을 규탄하려고 주교 93명을 소집해 공의회를 엽니다.

논쟁은 격렬해집니다. 세속 권력이 교권에 맞서 싸우죠. 754년에 황제는 콘스탄티노플 근교에 있는 히에리아 궁에서 주교 338명을 소집해 공의회를 엽니다. 공의회는 눈에 보이는 육신을 보이지 않는 신성과 분리하는 '회화의 범죄적인 기술'을 신성모독으로 규탄하지요!

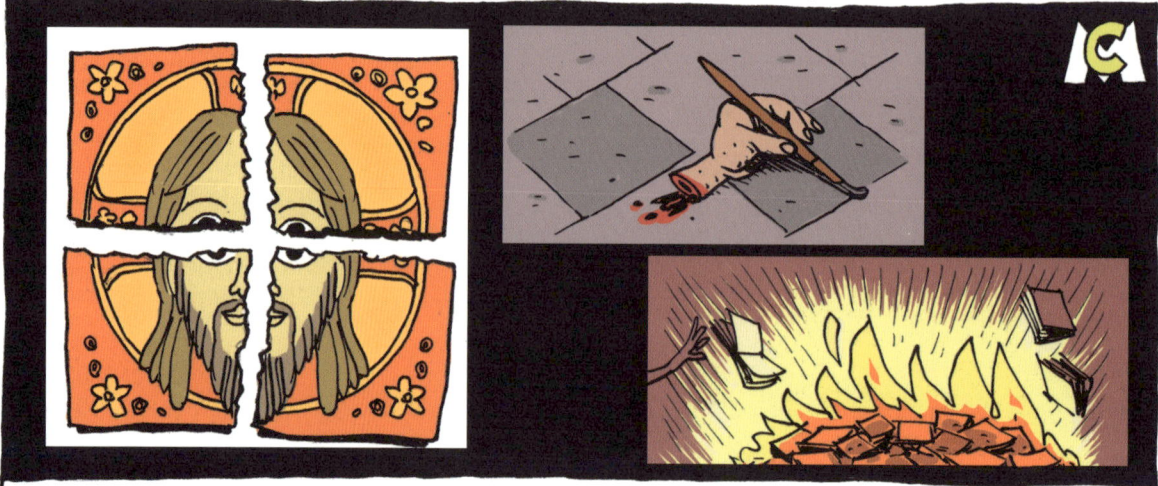

성상 사냥이 시작됩니다. 비잔틴 수도사들이 표적이 되지요. 왜냐고요? 수도사들이 성상을 그리므로 그들의 신앙심은 신성모독이라고 판단되기 때문입니다. 그리스도의 초상은 십자가로 대신해야 하고, 책은 불태워지죠. 수도사들은 감옥에 갇히고 수도원의 재산은 매각됩니다. 수도사들은 수도복을 벗고 혼인할 수밖에 없게 됩니다. 어떤 수도사들은 신성모독을 했다는 이유로 고문과 사형을 당하죠.

그래서 760년대에 모든 수도 기관은 성상 숭배자들의 중심지로 간주되어 권위가 떨어집니다. 수도사와 수녀들은 성상 파괴론자인 정치권력의 반대파를 대표하죠. 정치권이 수도사들을 이슬람교도가 전 세계를 정복하는 시기에 신성한 것을 사회에 무절제하게 배포하는 선동자로 보았기 때문입니다!

그러다 상황이 진정됩니다. 780년에 성상 숭배론자인 이리니는 아들인 콘스탄티누스 6세가 겨우 10살인 까닭에 섭정을 합니다. 이리니는 787년에 제2차 니케아 공의회를 소집하죠. 이 공의회에서 히에리아 공의회를 취소함으로써 성상 파괴론을 규탄하고, 특히 도상에 대한 숭상의 표시로 입을 맞추고 절하는 일이 의무화됩니다.

하지만 이러한 진정 국면은 한 세기 동안만 지속되지요. 813년에 황제 레온 5세는 아랍인에 맞서 제국이 겪는 역경이 신의 단죄라고 확신하며 성상 파괴 정책을 되살립니다. 그는 815년에 니케아 공의회에 반대하는 공의회를 소집해 신성모독 형상을 숭배하고 제작하는 사람들을 처단합니다. 수도사에 대한 고문과 학살 행위가 다시 시작되고 공동체는 흩어지지요.

820년에 레온 5세가 미하일 2세에 의해 타도되고 사형당합니다. 새 황제는 황제들의 성상 파괴 투쟁과 열정을 가라앉히려 하지요. '말더듬이' 황제 미하일은 박해를 멈추고, 그의 지배하에서 성상은 다시 허용됩니다.

829년에 그가 죽고 그의 아들 테오필로스가 뒤를 잇습니다. 아랍 문명에 호감을 갖고 있으며 성상 파괴론자 신학자에게 양육된 테오필로스는 다시 박해를 시작하지요!

842년에 테오필로스가 사망하자 황제의 아내 테오도라 여제가 섭정을 합니다. 황제의 아들이 나이가 어려서죠. 여제는 성상 파괴론을 완전히 끝내야 한다고 생각하지요. 그래서 843년 3월 11일에 성소피아 성당에서 장엄한 행사를 열어 시노디콘 칙령을 공포해 성상 숭배를 회복합니다. 이날이 바로 '정교 축제'일입니다.

이처럼 정치권이 종교에 개입함으로써 격정과 학살을 일으킨 성상 위기가 끝납니다.

그런데 서구도 이에 뒤지지 않지요…

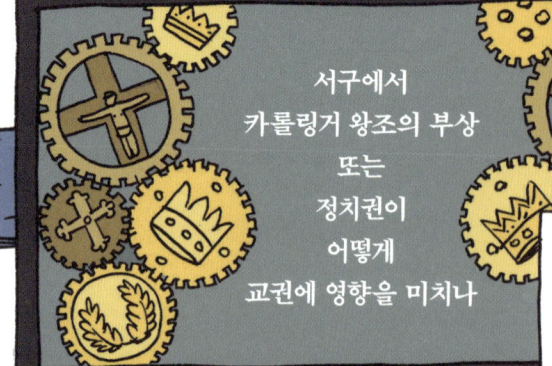

서구에서 카롤링거 왕조의 부상 또는 정치권이 어떻게 교권에 영향을 미치나

서구에서도 역시 정치권이 세 가지 기제를 활용해 교권에 개입합니다. 왕이나 황제는 사사건건 자기 입장을 강요하며 교회와 서구에서 교회를 대표하는 사람인 로마의 주교를 도구로 활용하지요.

첫 번째 기제는 교회의 재산을 세속화하는 것입니다. 이는 갈리아 지방에서 639년에 다고베르트 왕이 사망한 이후로 흔한 관행이죠. 이 시기에 '게으른 왕들'의 왕조인 메로빙거 왕조(클로비스의 할아버지 이름이 메로베우스)는 해체되어갑니다.

왕에 맞서 귀족계급을 이룬 영주들은 교회의 재산을 자기 봉신들에게 상응하는 수입과 함께 나누어 줌으로써 권력을 확보합니다. 지방 영주들은 이런 식으로 자기 재산은 하나도 안 쓰고 봉신 및 충성 체계를 확립하지요.

갈리아 지방 북동부에서 샤를 마르텔과 함께 카롤링거라는 성을 받은 페펭 드 에르스탈(714년에 사망)의 후계자들은 이런 식으로 자신의 봉신 수를 늘리는 데 성공합니다. 애초에 왕의 영지 행정관 또는 궁중 감독관이던 카롤링거 가문은, 이런 관행을 실천하지 않은 메로빙거 가문을 대체하죠.

이러한 기제를 사용해서 교회는 새로 생긴 봉신 관계망에 끼어들고, 이로써 성직자 사회는 상속 시 교회 재산이 유산이 되었다가 사라지거나, 영주가 주교가 되고, 주교가 영주가 되는 등 온갖 역기능과 장르의 혼란을 겪게 됩니다. 이윤을 탐내는 욕심이 신자들을 영적으로 지도하는 일보다 더 중요해지지요.

카롤링거 가문의 샤를 마르텔은 732년에 푸아티에에서, 737년에 프로방스에서 아랍인에 맞서 승리를 거두며 강력한 인물로 부상합니다. 특히 로마의 주교는 그에게서 서방을 이끌 만한 지도자의 모습을 보죠.

두 번째 기제로 카롤링거 왕조의 권력이 공고해집니다. 즉 왕위를 신성화한 것입니다. 스페인에서 유래했고 고대 성경 전통에서 영감을 받은 이러한 관행을 프랑스에 정착시킨 사람은 바로 샤를 마르텔의 아들인 단신왕 페펭이죠.

〈열왕기〉에서 사울, 뒤이어 다윗은 예언자 사무엘로부터 기름 부음을 받습니다.

이렇게 왕을 신성화하는 관습은 672년에 서고트의 왕 왐바가 축성을 받으면서 스페인에서 복원됩니다. 이로써 주교들은 왕에게 권한을 더해주죠. 이러한 영적이고 신성한 차원의 권위로 왕은 인간과 신이 보기에 합법적인 지도자가 됩니다.

아마도 키가 작아서 붙은 별명일 단신왕으로 불리는 페펭은
751년에 수아송에서 '게르만족의 사도'라 불리는
마인츠의 주교 보니파시오에게 기름 부음을 받고
왕국의 주교와 영주들에 의해 왕으로 선출됩니다.
이로써 메로빙거 왕조 시대가 끝나죠.

* 좋다!

그런데 그게 전부가 아닙니다. 페펭은 754년에 생드니 성당에 온 교황 스테파노 2세에게 두 번째로 축성을 받지요.
가톨릭 전통에 따라 베드로의 계승자가 몸소 와서 왕뿐 아니라 그의 아내 베르타와 두 아들 카를로만과 샤를에게도 성유를 바릅니다.
샤를은 미래의 샤를마뉴 대제이지요. 왕과 그 가족을 신성화함으로써 그 후손의 권력이 정당화됩니다.

'로마인의 보호자'로 임명된 페펭은 교황이 기대한 수호자의 역할을 하고, 여러 차례 로마를 위협하는 롬바르드족[1]의 왕에 맞서 개입하죠.

교황과 프랑크의 왕 사이에 동맹이 맺어집니다. 왕과 그 후손에게 로마의 주교가 축성한 신성한 정당성이 주어지고…

…그 대가로 하느님에게 선택받은 왕은 침략자들에 맞서 베드로의 자리를 수호하죠.

페펭은 자신의 보호자 역할을 강화하려고 예전에 비잔틴 제국에 속했다가 해방된 영토를 756년에 교황청에 줍니다. 라벤나부터 안코나에 이르는 아드리아해 연안과 티레니아해 연안에 자리한 이 두 지역은 도시 페루자를 근거지로 하는 좁은 구역에서 만납니다.

이것이 '성 베드로의 유산'이라 불리는 교황령으로서, 이는 로마 주교의 이해관계에 이용된 거짓 문서인 〈콘스탄티누스의 기증〉을 근거로 합니다.[2]

1) 롬바르드족: 발트해에서 온 게르만 민족
2) 이 책 71쪽 참조

이리하여 외교적 거래로 승리한 존재는 둘이죠. 로마의 권좌는 안전을 확보하고 불가리아와 사라센의 침략으로 약해진 비잔틴 황제의 통제에서 완전히 벗어난 지역을 얻지요. 한편 프랑코 왕국은 기독교인과 전 세계의 다른 지역에서 보기에 서방의 유일한 강대국이 됩니다.

단신왕 페펭의 두 아들은 아버지를 계승해 왕국을 나눠 갖습니다.

하지만 카를로만이 771년에 죽자 샤를이 권력을 이어받아 서방의 강자가 됩니다. 심지어…

…그는 서로마의 황제뿐 아니라 신에게 선택받은 황제가 되지요. 이게 바로 세 번째 정치─종교 기제입니다.

교황 하드리아노 1세로부터 로마 황제의 수식어인 마그누스를 부여받은 후,
샤를마뉴(약 742 또는 747~814)는 800년 12월 25일 성탄절에 로마의 성베드로 대성당에서
하드리아노의 후임인 교황 레오 3세에 의해 왕위에 오릅니다.
레오 3세는 새 황제 앞에서 몸을 굽힙니다. 황제에게는 대단한 선물이었죠!

콘스탄티누스 이후로 신자와 주교들의 상상 속에서 계속 이어져 내려온 기독교 로마 제국의 이상이
드디어 서로마에서 실현됩니다. 새 황제는 정치권에만 멈추지 않고 교권에도 힘을 쏟지요.

샤를마뉴: '바깥의 주교'인 새로운 황제(800~814)

신생 이스라엘의 지도자가 된 새로운 다윗이라 할 신의 은총을 받은 황제 콘스탄티누스처럼, 샤를마뉴는 자신의 정치종교적 권한과 종교적 의무를 잘 인식합니다. 그는 서로마 교회의 핵심적인 세 영역에서 영향을 미칩니다.

전례 — 수도원 제도 — 성직자 양성

우선, 전례입니다. 이교도를 개종시키는 것만으로는 충분하지 않고, 신자를 위해서 성령의 기원에 대한 원칙을 정해야 합니다. 비잔틴 황제와 그리스인은 성령이 성부에게서만 나온다고 봅니다. 그리스인은 "성령이 성부로부터 발현한다"[3]고 선포하는 니케아-콘스탄티노플 신경으로 만족하죠.

신학자 황제인 샤를마뉴는 비잔틴 황제와 구분되려고 신경에 '그리고 성자로부터' (라틴어로 'Filioque')라는 말을 더합니다. 성령은 이제 확실히 성부에게서, 하지만 성자에게서도 발현됩니다. 이는 서고트족 스페인의 관행이죠. 필리오케라는 말 하나를 더함으로써 동방과 서방의 간극은 더 커집니다.

3) 43쪽 참조

더욱이 샤를마뉴는 마인츠의 주교이자 조언자인 크로데강의 도움을 받아서 서로마 신자들을 동방 그리스의 영향에서 벗어나게 하려고 라틴 전례와 그 관행을 채택합니다.

전례의 단일화는 프랑크족 세계를 통합하는 필요조건이죠. 단일한 전례는 제국의 일체성을 강화합니다.

뒤이어 수도원 제도입니다. 샤를마뉴는 신자들의 양심을 감독하고자 하므로 수도원 사회를 지배해야 합니다. 그는 중앙집권적 관점을 강요해서 수도사들의 역할과 영향력을 줄이려 하고, 이를 위해 서로마 기독교에 성 베네딕트의 규칙을 강요합니다. 샤를마뉴는 수도원을 안정과 학습, 신앙심의 중심지로 삼으려 하지요.

그는 아니아네의 베네딕트(약 750~821)에게 지지를 받습니다.

부르고뉴 출신인 이 베네딕트 수도사는 누르시아의 베네딕트의 규칙에 매료되어 아키텐, 알자스, 리옹, 투렌에 있는 여러 수도원을 개혁하고, 새로운 수도원들을 창설합니다. 이는 샤를마뉴의 아들 경건왕 루이의 지배 아래서도 계속되지요.

끝으로, 카롤링거 왕조의 부활입니다. 주역은 샤를마뉴의 친구이자 조언자인 앨퀸(약 732~804)이죠.
이 영국 수도사는 시인이자 박식한 신학자이며, 유럽 최초의 학교 교사입니다.
그는 국민과 신자들을 가르치고 그들을 바른길로 인도할 성직자와 수도사를 양성할 목적으로
789년부터 광범위한 개혁 프로그램을 실시합니다.

* 조용!(아일랜드 게일어)

이를 위해 샤를마뉴와 앨퀸은 제국의 수도원과 주교들이
성직자와 수도사를 위한 학교를 열도록 의무화합니다.

샤를마뉴는 789년에 공포한 법령집에 이렇게 적습니다.
"모든 수도원과 주교구에서는 시편과 노트(당대의 속기술),
가창과 축일 산정법(기독교인에게 중요한 축제인 부활절 연도와 날짜 계산법), 문법을 가르치고,
종교 서적들을 정성껏 교정하라. 복음과 시편, 미사경본(미사 집전을 위한 글이 모두 담긴 책)을 전사할 필요가 있으면,
원숙한 사람이 정성을 다하여 적는다."

샤를마뉴 제국의 몰락과 해체

하지만 많은 침략자가 황제와 그 후손에게 도전합니다.
노르웨이와 덴마크에서 온 '북부 사람들'이
서유럽에 큰 피해를 주지요. 루앙은 841년에 무너지고,
보르도는 848년에 화재로 불타고, 파리는 845년과 856년,
857년에 유린당하죠. 거기에 더해 프로방스 지방은
사라센인에게 약탈당합니다. 헝가리인은 동부로 쳐들어 와
이탈리아까지 침투하지요.
이 침략자들은 완전히 해체되어가는 제국에서
맹위를 떨치며 승승장구합니다.

샤를마뉴가 이룬 쾌거는
권력의 중앙집권화였습니다.
엄청나게 방대한 제국을
신학자 황제가 통치한 것이죠.
통치 기간 46년 중에 샤를마뉴는
768~800년에는 프랑코족의 왕으로서,
800~814년에는 황제로서
정치·종교의 중심지인 엑스라샤펠에서
세상을 지배하죠. 그가 권력을
유지하기 위해서 어떻게 했을까요?
50차례가 넘는 전쟁을 치르죠!

샤를마뉴가 죽자, 그의 외아들 '경건왕' 루이가 제국을 물려받습니다.
이 왕은 817년에 이미 자신의 승계를 준비하면서
맏아들 로테르를 제국 권력에 연계시킵니다.
다른 두 아들인 페펭과 미래의 '독일왕' 루이는
아키텐과 바이에른의 왕국을 받지요.

하지만 두 번째 혼인으로
넷째 아들인 미래의 '대머리' 샤를이 태어나면서
817년에 이루어진 분배가 문제시됩니다.
다른 아들들이 아버지에게 반발하고,
아버지는 840년에 사망합니다.

101

통일될 전망은 어두워집니다.
맏아들 로테르가 제국 전체를
요구했기 때문이죠.
루이와 대머리 샤를은 단결하여
맏형에게 맞섭니다(페펭은 사망).
패배한 로테르는
843년에 할 수 없이
베르됭 조약에 서명함으로써
제국을 나눠 갖는 데 합의합니다.

대머리 샤를은 서부의 서프랑크 왕국,
'독일왕' 루이는 동부의 동프랑크
왕국을 차지하고,
로테르는 두 동생 사이에 끼어서
남은 영토인 네덜란드부터
로마에 이르는 기다란 땅을 받지요.

형제간의 권력 다툼으로 이루어진 이 영토 분할로 제국은 약해집니다.
로마의 레스퍼블리카(respublica) 개념에 반대되는 카롤링거 왕조의
권력 세습 자산 개념은 국가를 토지의 일부처럼 사유재산과 동일시하죠.
그러자 바이킹을 비롯한 침략자들이
폐허가 된 카롤링거 왕조의 집을 공격합니다!

몰락하는 교회:
정치적 계산에 예속되다!

843년부터 해체된 카롤링거 왕국에서 유일하게
교회만이 보편성을 나타냅니다. 교회는 자산이 엄청났기 때문에
영주들의 그물에 걸려들죠. 교회의 주교들은 영주이자 봉신으로서
봉건적 주종 관계의 여러 다른 의무에 종속되어 있으면서
일련의 권리(재판, 화폐 주조, 세금 징수)와 의무를 행사하지요.

이렇게 종교와 정치가 뒤얽혀 있기에
왕과 영주들은 영적인 권력을 할당해주게 됩니다.
정치권력이 주교 서임식에서 교권의 상징인
주교의 지팡이와 반지를 건네주지요.

두 가지 악습이 서로 결합해서
교회에 고통과 일탈을 가중합니다. 바로 시모니와
니콜라이즘이죠. 시모니는 '마술사'라 불린
시몬이란 사람의 이름에서 유래하는데,
이 사람은 신자들에게 안수해서 성령을 주는
권능을 베드로에게 돈을 주고 사려 했습니다.[4]
시모니는 성물이나 전례 물품과 성직을 돈이나
선물 또는 보호를 대가로 사고파는 행위를
말합니다. 당시 교회에서는 암거래가 발달하죠.
신성한 것이 재산이나 직위,
즉 권력을 갖기 위해 밀매되는 것입니다.

니콜라이즘[5]은 성직자가 혼인이나 동거로
성관계를 갖는 일을 이릅니다. 이 관행은 시모니와 결합해
더욱 발달하죠. 프랑스 서부 브르타뉴에는
온 가족이 성직자로서 영적인 책무나 관심에 상관없이
성직과 교회 재산을 서로 주고받는 경우도 생깁니다.

이제 모든 가톨릭교회의 건물은,
게르만족과 로마 귀족들이 탐내는
로마의 교회부터 지방 교회에 이르기까지
세속적이고 정치적인 욕심에 예속될 위험에 처합니다.
그래서 9세기 말부터 교황권은
로마의 강력한 가문들과
게르만족 지도자들 사이의 쟁점이 되지요.

4) 사도행전(8, 9-24)
5) 니콜라오스파는 요한 묵시록(2, 6; 2, 15)에서 두 번 언급되는 이단 종파다.
기독교 저자들(이레네우스, 알렉산드리아의 클레멘스, 테르툴리아누스 등)은 그 방탕한 일탈과 성적 부도덕성을 비난한다.

게르만족과 로마의 정치 및 가문 당파가
벌이는 다툼의 대상으로 전락한
교황권을 잘 보여주는 사례가 둘 있습니다.
첫 사례는 교황 스테파노 6세(재임 896~897)가
소집한 '시체 공의회'로서 그야말로
공포영화를 방불케 하지요!

먼저 사실부터 전하죠. 이 교황은 9년 전에 무덤에 묻힌 전직 교황 포르모소를 897년 1월에 파내도록 합니다. 교황 스테파노 6세는 훗날 '시체 공의회'로 불리는 공의회에서 시체에 교황의 옷을 입히고 이탈리아 주교들이 그를 재판하게 하지요.

수행한 직무에 대한 자격이 없다는 판결을 받은
포르모소의 시체는
오른손 손가락 세 개가 잘린 채
로마 시민들에게 맡겨지고,
그들은 시체를 테베레 강에 던집니다.

이를 정치적으로 분석해보죠. 포르모소는 부도덕성과 서약 위반으로 유죄 판결을 받지만 진짜 이유는 정치적입니다. 그는 이탈리아보다 게르만인의 보호를 받길 원했죠. 그래서 그가 이탈리아 가문인 스폴레토 공작의 보호를 더 이상 원치 않아서 896년에 게르만인 아르눌푸스 카린티아이를 황제로 임명했다는 사실을 비난한 겁니다.

로마에서는
정치적인 입장을
선택해야 합니다.
게르만의 편 아니면
포르모소의 편이죠…

이탈리아의 편
아니면 스테파노
6세처럼 포르모소
반대파죠.

그런데 스테파노
6세도 나중에
수도원 감독에
갇혔다가
포르모소파에서
고용한 자객에게
교살되어 죽습니다.

두 번째 사례는 로마의 강력한 테오필락투스 부부와 그들의 딸 마로치아가 연관된 사건인데, 이번에는 포르노 영화를 방불케 합니다. 이를 독일 역사학자들은 '로마의 창부 정부'라고 부르죠. 마로치아는 교황 세르지오 3세(재임 904~911)의 애인, 교황 요한 11세(재임 931~935)의 어머니, 교황 요한 12세(재임 955~964)의 할머니, 교황 요한 13세(재임 965~972)의 숙모가 되며, 마로치아의 후손들도 교황이 됩니다. 베네딕토 8세(재임 1012~1024), 요한 19세(재임 1024~1032), 베네딕토 9세(재임 1033~1044, 1047~1048)가 그들이죠. 마로치아는 역사상 최초의 여성 로마 원로원이 되지요! 그 상세한 정황은 마로치아가 고객을 끌어 140년 가까이 상당히 성공적으로 로마 주교의 운명을 결정한 전략을 이해하기 위해서 살펴볼 가치가 있습니다.

로마 원로원 테오필락투스의 딸인 토스쿨룸의 마로치아는 처음에 교황 세르지오 3세의 애인이었고, 그에게서 난 아들을 20년 후에 교황 자리에 앉힙니다. 바로 요한 11세죠.

아들이 영예를 보기에 앞서 마로치아는 스폴레토의 공작 알베릭 1세와 혼인하고 그와 함께 적법한 아들인 알베릭 2세를 보는데, 알베릭 2세가 둔 사생아 아들은 훗날 16세의 나이에 교황이 됩니다.

알베릭 1세가 사망하자, 마로치아는 교황 요한 10세(재임 914~928)의 적인 기 드 토스카나와 재혼하고, 결국 교황을 사임시켜 감옥에 가두죠. 교황 레오 6세와 스테파노 7세는 931년까지 로마의 두 지배자인 마로치아-기 부부의 손에서 놀아나는 꼭두각시에 불과합니다. 931년은 마로치아의 아들이 베드로의 자리를 차지하는 해죠.

마로치아는 두 번째 남편이 929년에 사망하자 이탈리아의 왕으로 선출된 전남편의 의붓 형제인 위그 다를과 혼인하기로 합니다. 위그에게는 이미 아내가 있었으므로, 위그는 마로치아와 재혼할 수 있도록 혼인을 취소하죠.

그런데 정작 마로치아의 아들 알베릭 2세가 로마의 두 지배자에 맞선 반대파의 수장이 됩니다. 그는 932년 어머니가 혼인하는 바로 그 시기에 실력 행사를 해서 자기 어머니를 죽을 때까지 감옥에 가둡니다.

하지만 마로치아가 죽고 나서도 교황을 임명하는 그녀의 전략은 유지되어 그 후손이 11세기 중반까지 베드로의 자리를 차지하죠.

마로치아의 전략은 역사가들이 기술한 '제국 교회 체제'를 갖춘 게르만의 오토 왕조, 즉 '대제'라 불린 오토 1세와 오토 2세, 오토 3세의 보호와 충돌합니다. 제국 교회 체제란 무엇일까요?

오토 대제는 955년 8월 10일 레히펠트 전투에서 헝가리 군대를 격파해 서방을 구해낸 후, 로마로 와서 962년 2월 2일에 교황에게 황제로 축성받습니다. 샤를마뉴의 직함인 '신성한 황제'를 다시 취하고 자신의 신앙을 단언함으로써 그는 '독일 국민의 신성 로마 제국'을 창설하죠.

제국의 종교적인 합법성을 인정받는 대가로
오토 왕조는 교황권을 군사적으로 보호하는 동시에
마로치아의 귀족 가문과 떨어뜨려놓으려 합니다.

독일의 개입 덕분에 철학자이자 수학자인 제르베르 도리야크가
실베스테르 2세라는 이름으로 교황직(재임 999~1003)에 임명됩니다.
교황이자 과학자로서 좋은 평가를 받은 그는 아라비아 숫자를
도입하고 기원후 1,000년을 축하하죠. 하지만 베드로의 자리는
여전히, 이번에는 독일에 정치적으로 감독을 받습니다.

이 결과, 상황은 돌이킬 수 없이 나빠졌죠! 부패, 시모니, 니콜라이즘, 독일-이탈리아 분쟁으로 '진정한 신'의 유일한 교회는
분열되었습니다. 온갖 추문 탓에 본질적으로 신성하다고 자언하는 기관은 전락하죠.
그렇다면 구원은 어디로부터 올까요?

수도사들이 구원할 것인가?

이런 상황에서 10세기에 프랑스(클뤼니)와 로렌 지방(고르즈, 브로뉴),
이탈리아(카말돌리, 발롬브로사)에서 고대 교회 수도회의 이상이
다시 유행합니다. 특히 게르마니아와 프랑스 사이 지역에서
개혁의 바람이 일기 시작하지요.

이는 교황권의
끝없는 부패로부터 독립하려는 의지이자,
정치-종교의 개미소굴에 가한 엄청난 발차기였죠.

"하느님과 우리 구원자인 예수 그리스도의 사랑을 위하여, 나는 내가 관리하는 재산인 도시 클뤼니를 사도 성인 베드로와 바울에게 바친다. … 단, 그 조건은 클뤼니에 사도 베드로와 바울을 기리는 수도원을 건립하고, 그곳에서 베네딕트 성인의 규칙에 따라 생활하는 수도사들이 결집하는 것이다. … 이 증서에 오늘로부터 위에서 말한 수도사들은 우리나 우리 부모, 왕실의 권세를 비롯하여 그 어떤 지상 권세의 구속도 받지 않으며, 그 어떤 세속 제후도, 백작도, 주교도, 심지어 로마좌의 교황도 위에서 말한 하느님의 종들의 재산을 침범하지 않는다는 점을 기꺼이 추가한다."

이를 위해 자선처장은 십일조(교회가 거두는 세금)뿐 아니라 단식일에 수도사들의 식탁에서 나오는 모든 음식을 활용하죠. 그러므로 수도원이 모두에게 분배하는 단체 자선은 수도사들의 개인적인 단식에서 나오는 셈입니다.
클뤼니는 이런 식으로 1018년에 극빈자 1만 7,000명을 구호했고,
1002년, 1007년, 1022년, 1031년에 기근이 닥쳤을 때도 많은 이를 돕습니다.

두 번째 관점: 평화 실천. 전쟁의 폭력에 직면해서 수도원의 영향 아래 주교들이 '하느님의 평화'를 결의하고, 이는 989년에 푸아티에 근처인 샤루에서 열린 공의회에서 보르도의 대주교 공보에 의해 제정됩니다.

'하느님의 평화'는 영주와 기사들이 성직자와 교회의 재산뿐 아니라 농민과 하층민도 보호한다는 약속이죠.

폭력보다는 평화가 중시되고, 전쟁을 도발한 자에게는 처벌이 이루어집니다!

끝으로, 클뤼니 수도원은 교황권의 역사라는 관점에서 기독교 세계에 큰 영향을 남깁니다. 클뤼니 수도원의 베네딕트 정신은 로마 가톨릭교회를 정치적 예속에서 해방시키려는 움직임인 그레고리오 개혁의 시초입니다.

클뤼니 수도원 네트워크는 세속 세계의 봉건적 관계에 걸려든 교회가 겪는 시모니와 니콜라이즘이라는 악덕에 맞선 개혁의 원칙을 전파합니다. 이리하여 클뤼니 수도원은 그레고리오 개혁의 위대한 신학자와 제1선의 주역들, 특히 미래의 교황들을 배출하지요.

하지만 영적, 법적, 정치적 차원에서 근본적인 움직임인 그레고리오 개혁의 환상적인 이야기를 전하기에 앞서 서방과 동방 교회가 결별할 것을 예고하는 폭풍우로 되돌아가보지요.

서로마 교회에 맞선 동로마 교회
최후의 결전?

로마와 콘스탄티노플 사이의 긴장은
로마 제국이 4세기 초에 분리되며 고조됩니다.
뒤이어 분쟁의 이유는 잦아들 새가 없고, 문화와 언어의 차이는 몰이해를 더하죠.
서로 대립하는 일이 늘어납니다.
연속되는 사건과 불만으로 638년과 1054년 사이에
로마와 콘스탄티노플 사이의 싸움은 격해집니다. 뇌우가 치며 폭풍우를 예고하죠.
논쟁이 싸움으로 번지고, 모욕하는 말과 편지가 오갑니다.
교황은 콘스탄티노플의 총대주교와 대립하고, 여기에 황제들이 끼어들지요…
그렇다면 과연 누가 승리할까요?
교황들의 제국일까요? 아니면 콘스탄티노플의 총대주교일까요?

로마와 콘스탄티노플 사이의 분열은 몇 차례의 경기로 이루어지는 싸움입니다.
1회전은 로마 제국의 분열로 거슬러 올라가지요.[1] 뒤이어 분쟁의 원인은 계속 생겨납니다. 2회전에서는 비잔틴 황제들이
신학 논쟁에 개입하고,[2] 3회전은 대주교의 지상권을 둘러싸고 로마 주교와 콘스탄티노플 주교 사이에서 벌어집니다.[3]
4회전에서는 서로마 사람들을 상스럽다고 판단한 그리스인의 거만한 경멸감과,
'비잔틴' 논쟁을 지나치게 추상적이고 속물적이라고 본 라틴 사람들의 몰이해가 대립하죠.[4]
일련의 사건과 불만으로 로마와 콘스탄티노플이 벌이는 싸움은 격해지지요…

단의설 위기(638~681)

이런 분쟁 상황에서 단의설 위기가 분란을 더합니다. 이 위기를 이해하기 위해 451년 칼케돈 공의회로 거슬러 올라가보죠. 비잔틴 제국의 황제 마르키아누스와 그의 아내인 여제 풀케리아가 소집해 451년 10월 8일부터 11월 1일까지 열린 제4차 칼케돈 공의회에는 주교 343명이 모이는데(기록이죠!), 그중 네 명만 서로마에서 왔습니다. 이 공의회에서는 양성설, 즉 그리스도는 신성 그리고 인성을 동시에 지닌다는 설을 단정하죠.

하지만 동로마의 여러 교회는 그리스도의 이러한 이중성을 반대합니다. 이들은 단성설을 주장하는데, 이는 예수가 하나의 성질, 즉 신성만 지닌다는 설이죠. 이 때문에 이들은 451년 이후로 삼위일체설을 단언하는 칼케돈 공의회에서 단죄받습니다.

1) 39쪽 참조
2) 41쪽 참조
3) 43쪽 참조
4) 48쪽 참조

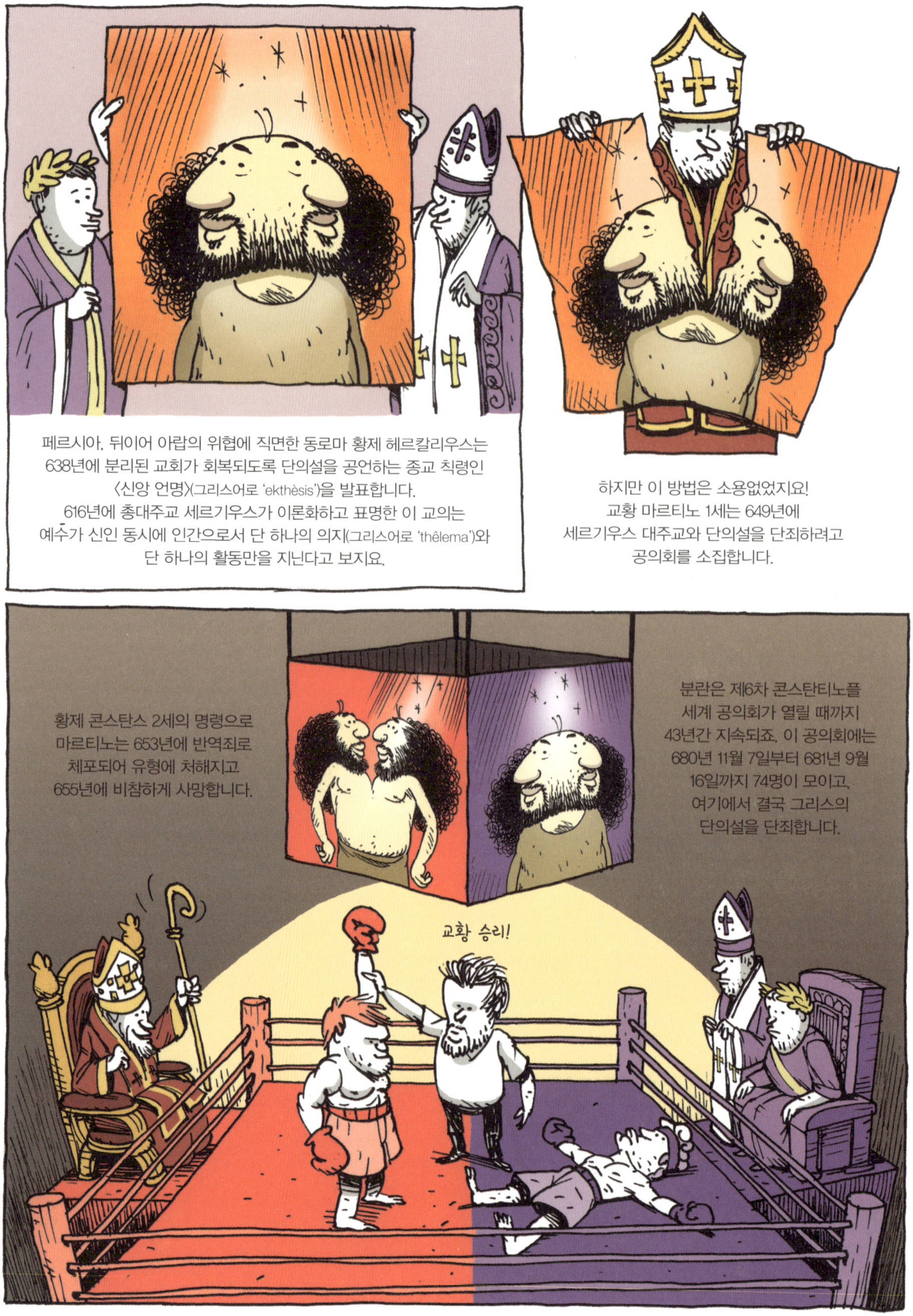

트룰로 공의회(691~692)

553년 제5차 세계 공의회는 네스토리우스주의[5]를, 제6차 공의회는 단의설을 단죄하지만, 기독교에서 로마와 콘스탄티노플의 리더십에 관한 주요한 발표는 하지 않았죠.

교황의 교의를 기초로 일치를 이루는 상태는 오래가지 못합니다. 황제 유스티니아노스 2세는 교회를 통합하고 서로마 교회와 로마의 주교에 맞서 자신의 권력을 확보하고 열세를 만회하기 위해 새로운 공의회를 소집하고자 합니다.

트룰로 공의회

황제 유스티니아노스 2세는 1등이 되어 콘스탄티노플을 로마와 동등하게 만들고자 합니다. 그는 691년부터 692년까지 새로운 공의회를 소집하는데, 회의 장소인 황궁의 홀에 있는 둥근 지붕의 이름을 따서 트룰로 공의회라 불립니다.

근본적인 문제는 비잔틴 제국과 콘스탄티노플 총대주교직을 약화하는 요인인 동방 이슬람교의 침략이죠. 알렉산드리아와 안티오키아, 예루살렘의 총대주교직은 이슬람의 통제 아래 놓여 있었습니다.
이집트와 시리아, 팔레스타인 지방의 주민은 단성설, 즉 예수에게는 단 하나의 신성만 있을 뿐이라는 교리의 영향권 아래 있었기에 더욱 쉽게 이슬람교도가 됩니다. 이들은 자신들처럼 신의 신성 그리고/또는 인성 개념에 대한 끝없는 신학적 논쟁에 몰입하지 않는 아랍인의 지배를 받는 쪽을 선호하지요.

---

5) 네스토리우스주의는 두 인격, 즉 신의 인격과 사람의 인격이 예수 그리스도 안에 공존한다고 믿는 기독교임을 표방하는 교리다.
이 학설은 콘스탄티노플의 총대주교 네스토리우스(재임 428~431)가 처음으로 주장했다.

7회전: 정치적 불만(781~800)

8회전: 이냐시오 위기(847~858)

843년에 정교 축제⁶에서 성상 옹호론자들이 승승장구하지만 아직 모든 문제가 해결된 건 아닙니다. 패배한 성상 옹호론자들과 타협해야 할지 그들에게 준엄해야 할지 결정해야 하니까요. 어린 미하일 3세의 어머니인 섭정 테오도라는 죽은 총대주교 메토디우스를 뒤이을 인물로 수도사 이냐시오를 선택합니다. 그 목적은 성직자의 일치를 이루는 것이죠.

그런데 이냐시오는 외교적 측면에서 무척 서툴렀죠!

일단, 이냐시오는 자신의 서품식 날에 시칠리아의 주교인 그레고리오 아베스타스가 온 데 놀랍니다. 메토디우스 총대주교였다면 그 시칠리아인에게 처벌을 내렸다가 뒤이어 처벌을 면해주었을 테지요. 하지만 사안은 그 누구에게도 분명치 않습니다.

어쨌거나 시칠리아 주교는 이냐시오가 놀라자 화를 내며 이렇게 응수합니다.

6) 92쪽 참조

7) 십자가가 수놓아진 양털 띠로 고위 성직자의 권한을 상징한다.
8) 이 지역은 오늘날 크로아티아와 슬로베니아, 보스니아 헤르체고비나, 몬테네그로, 알바니아, 코소보 서부에 해당한다.

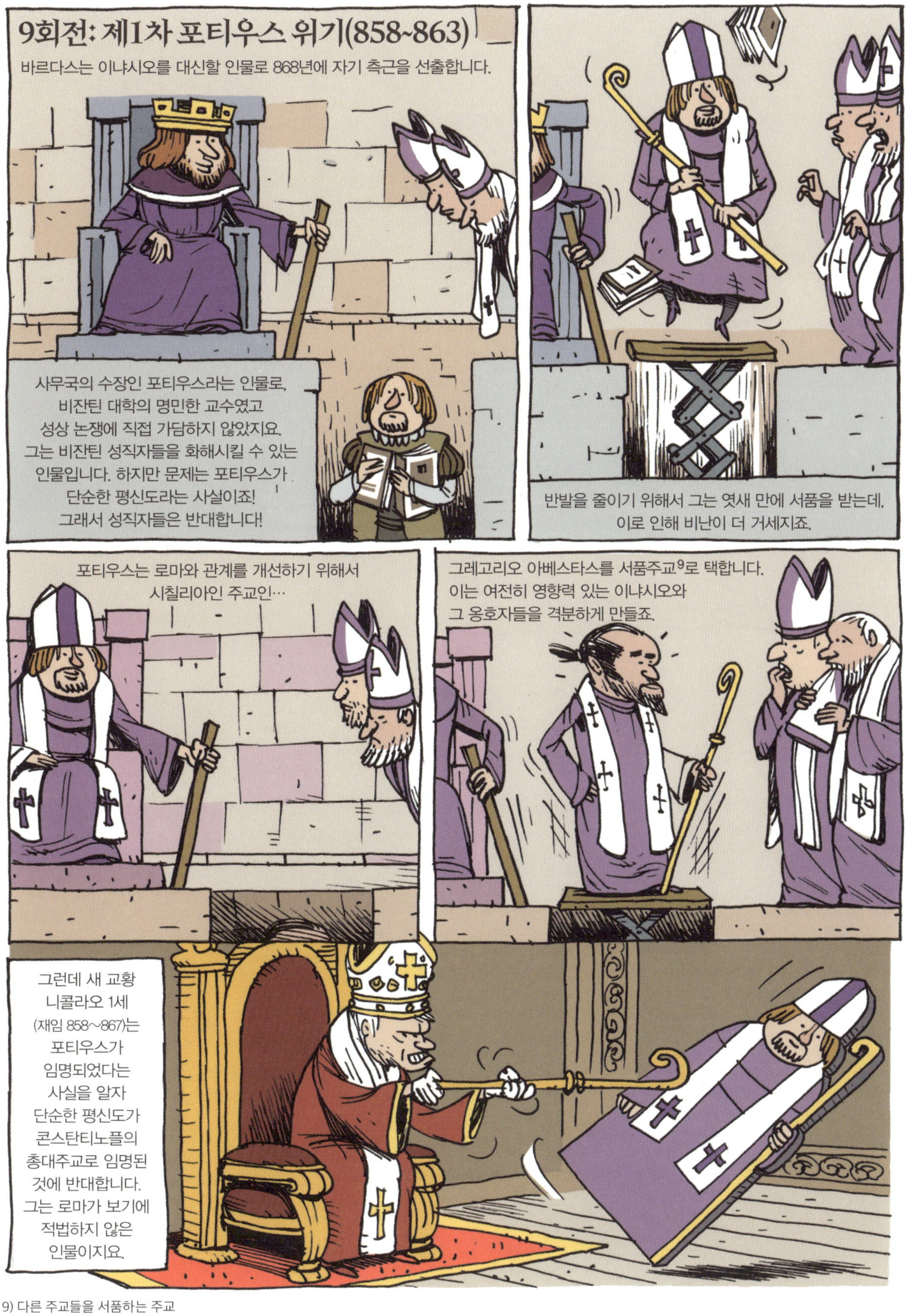

9회전: 제1차 포티우스 위기(858~863)

바르다스는 이냐시오를 대신할 인물로 868년에 자기 측근을 선출합니다.

사무국의 수장인 포티우스라는 인물로, 비잔틴 대학의 명민한 교수였고 성상 논쟁에 직접 가담하지 않았지요. 그는 비잔틴 성직자들을 화해시킬 수 있는 인물입니다. 하지만 문제는 포티우스가 단순한 평신도라는 사실이죠! 그래서 성직자들은 반대합니다!

반발을 줄이기 위해서 그는 엿새 만에 서품을 받는데, 이로 인해 비난이 더 거세지죠.

포티우스는 로마와 관계를 개선하기 위해서 시칠리아인 주교인…

그레고리오 아베스타스를 서품주교[9]로 택합니다. 이는 여전히 영향력 있는 이냐시오와 그 옹호자들을 격분하게 만들죠.

그런데 새 교황 니콜라오 1세 (재임 858~867)는 포티우스가 임명되었다는 사실을 알자 단순한 평신도가 콘스탄티노플의 총대주교로 임명된 것에 반대합니다. 그는 로마가 보기에 적법하지 않은 인물이지요.

9) 다른 주교들을 서품하는 주교

포티우스는 이에 반발해 861년 4월에 공의회를 소집합니다. 첫 번째 결정: 이냐시오는 적법하지 않으므로 포티우스 대신 이냐시오를 복귀시킬 필요는 없습니다. 후자는 선출된 게 아니라 죽은 섭정이 앉힌 인물이기 때문이죠. 두 번째 결정: 이 회의에서는 훗날 평신도가 주교가 될 수 없음을 인정하되… 일단 포티우스는 자기 직위를 유지하지요!

하지만 교황 니콜라오 1세는 이 공의회의 기록문을 검토하더니 이를 강탈이라고 봅니다! 그래서 로마의 라테란 궁에서 다시 공의회를 소집해 포티우스를 침입자로 간주하고 평신도 신분으로 깎아내린 다음, 863년 8월에 이냐시오와 그 추종자들을 원래 자리에 복귀시키죠.

이에 비잔틴 제국의 황제 미하일 3세는 격분해 교황의 도시만큼 '케케묵은' 것은 없다며, 그 도시를 '구 로마'라고 부르고 라틴어를 '야만적'이라고 간주하는 무례한 편지를 보냅니다.

이에 대한 응수로 교황은 비잔틴 황제에게 로마와 알렉산드리아, 안티오키아의 특권은 사도들로부터 나왔으며, 콘스탄티노플은 성유물을 지닌 것 말고는 아무런 영예가 없다는 사실을 일깨웁니다. 그나마 다른 교회들에서 훔친 유물이라고 말이죠!

로마 승!

하지만 이게 얼마나 지속될까요?

10회전: 불가리아 사건(864~866)

불가리아 사건으로 갈등은 악화됩니다. 불가리아의 왕 보리스 1세는 비잔틴 수도사들의 방문을 받은 뒤 개종하고, 뒤이어 자기 나라 국민까지 개종시킵니다. 보리스는 864년에 세례를 받는데 그의 대부는… 비잔틴 황제 '주정뱅이' 미하일 3세죠.

11회전: 제2차 포티우스 위기(867~880)

866년 11월에 교황은 주교들에게 서신을 보내 불가리아가 로마로 돌아섰고 그 나라에서 비잔틴 수도사들이 추방되어 콘스탄티노플이 종교적·정치적으로 패배했음을 알립니다.

이에 대한 반발로 포티우스는 니콜라오 1세의 태도와 신생 불가리아 교회에 로마의 관행을 도입하는 라틴 사제들의 태도를 알렉산드리아와 안티오키아, 예루살렘의 총대주교에게 고발하죠.

포티우스는 867년에 자칭 '세계' 공의회를 소집해 동방 총대주교들과 미하일 3세의 지지를 받아 교황 니콜라오 1세를 사임시키고, 서로마 제국의 황제 루이 2세에게 공의회 기록을 보내며 교황을 폐위하라고 요구합니다.

하지만 콘스탄티노플에서 궁궐 혁명이 벌어져 교황은 직위를 유지합니다. '마케도니아인' 바실리오스 1세가 미하일 3세를 살해한 후, 포티우스를 몰아내고 이냐시오를 다시 부르죠.

바실리우스와 이냐시오는 로마와 합의하려 하고, 이를 위해 869년과 870년에 공의회를 소집합니다. 하지만 새 교황 하드리아노 2세는 자기 견해를 강요하죠. 공의회는 포티우스가 찬탈자라고 선포하고, 그가 한 결정을 취소하고, 그 문서를 불태우고, 그의 편인 성직자들을 사임시킵니다. 비잔틴 성직자들은 불쾌해지죠.

불화는 계속됩니다. 불가리아의 왕 보리스 1세는 로마로부터 자기가 직접 선출한 대주교를 얻지 못하자 실망하여 콘스탄티노플로 돌아섭니다.

이냐시오는 보리스 왕이 추천한 대주교 한 명과 주교 열 명을 서품해주고, 왕은 라틴 성직자들을 로마로 돌려보내죠.

그러다 이냐시오가 877년에 사망하자 포티우스는 바실리우스 황제의 눈에 들어 다시 콘스탄티노플의 총대주교가 됩니다. 그는 새 교황 요한 8세에게 편지를 보내서, 자기편과 죽은 이냐시오의 편을 화해시키고자 하며, 자신은 보복하지 않을 것이고 총대주교직을 수락한 건 단지 황제의 강요 때문이라고 확인합니다.

879~880년에 성소피아 성당에서 새로운 공의회가 열려 교황 요한 8세가 보낸 특사들 앞에서 포티우스가 복권되고 10년 전에 그에게 내려진 선고가 취소되죠. 하지만 그 대신 포티우스는 불가리아를 포기해야 하고, 불가리아는…

…로마 관할로 되돌아옵니다. 교황 득점!

12회전: 네 번의 결혼식과 한 번의 장례식

비잔틴 제국의 새 황제인 '현제' 레온 6세는 지적 활동뿐 아니라 혼인에도 활발합니다. 처음 세 번의 혼인으로 적법한 계승자를 보지 못하자, 그는 애인인 '까만 눈' 조이와 906년에 은밀히 네 번째로 혼인합니다. 역사가들은 이를 '4중 혼인' 사건이라고 부르죠.

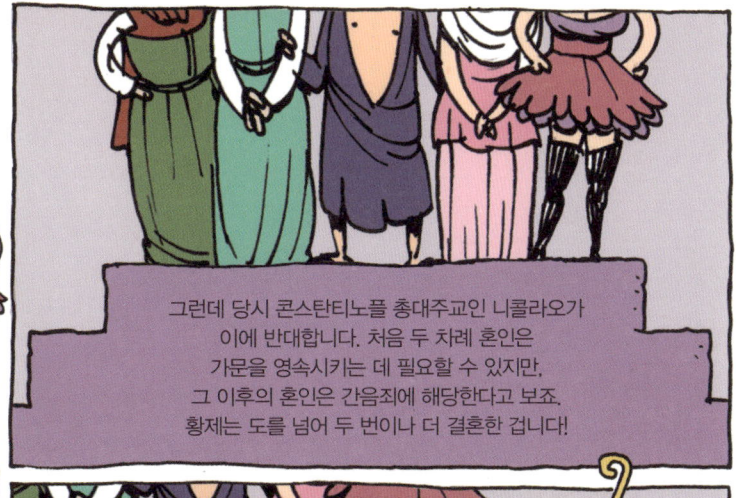

그런데 당시 콘스탄티노플 총대주교인 니콜라오가 이에 반대합니다. 처음 두 차례 혼인은 가문을 영속시키는 데 필요할 수 있지만, 그 이후의 혼인은 간음죄에 해당한다고 보죠. 황제는 도를 넘어 두 번이나 더 결혼한 겁니다!

레온 6세는 콘스탄티노플 총대주교로부터 혼인을 허락받지 못하자… 로마로 돌아서는데, 그 주교는 세르지오 3세이고, 여러분도 알다시피 그의 애인은… 마로치아죠! 교황은, 오 놀랍게도, 907년에 비잔틴 황제의 네 번째 혼인을 허락합니다!

최종전: 전례 대립

샤를마뉴 이후로 독일 국민의 신성 로마 제국은 필리오케[10]를 채택합니다…

…1014년에 황제 하인리히 2세가 교황 베네딕토 8세에게 대관식을 받으면서 말이죠.

동방 교회와 또 다른 대립이 빚어집니다…

…동방 교회도 이에 대응하죠. 화약에 불을 붙인 불똥은 불가리아 교회의 수장인 오흐리드의 레오 때문에 생깁니다. 그는 라틴 전례 관행에서 성체로 보통 빵이 아닌 누룩 없는 면병을 사용하는 것을 두고 '유대교' 관행이라고 깎아내리고 사순절 토요일에 단식하는 것을 비판하는 편지를 쓰지요.

그런데 이 편지를 쓰도록 제안한 것은 바로… 교황의 권위에 매우 적대적인 콘스탄티노플의 총대주교 미카엘 케룰라리오스입니다. 더 나아가 그는 라틴 교회에서 신자들이 누룩 없는 면병으로 영성체한다는 이유로 그 교회들을 폐쇄하기로 결정합니다.

그러자 교황 레오 9세(재임 1049~1054)는 그리스인을 별로 좋아하지 않는 베네딕트 수도사 모이엔무티에의 훔베르트가 인도하는 특사를 보내 응수합니다. 1054년 7월 16일에 인상적인 장면이 펼쳐져 예상 가능한 충돌이 생기죠.

교황의 특사들은 한창 미사 중인 성소피아 성당으로 쳐들어가 크게 놀란 신자들 앞을 지나갑니다. 그들은 그간 쌓인 불만을 담아 미카엘 케룰라리오스와 그 일파를 파문하는 교서를 제단 위에 놓지요…

10) 98쪽 참조

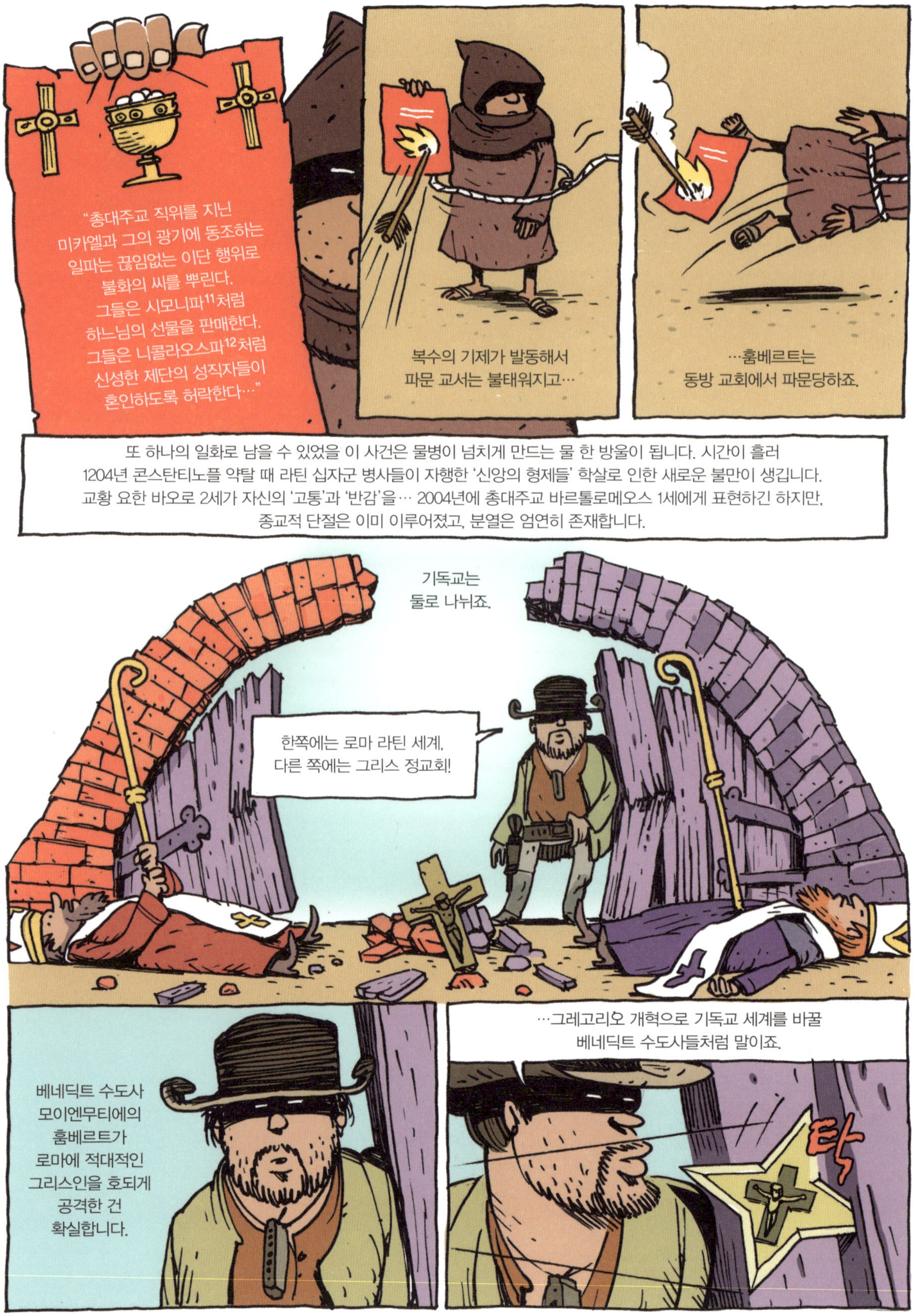

"총대주교 직위를 지닌 미카엘과 그의 광기에 동조하는 일파는 끊임없는 이단 행위로 불화의 씨를 뿌린다. 그들은 시모니파[11]처럼 하느님의 선물을 판매한다. 그들은 니콜라오스파[12]처럼 신성한 제단의 성직자들이 혼인하도록 허락한다…"

복수의 기제가 발동해서 파문 교서는 불태워지고…

…훔베르트는 동방 교회에서 파문당하죠.

또 하나의 일화로 남을 수 있었을 이 사건은 물병이 넘치게 만드는 물 한 방울이 됩니다. 시간이 흘러 1204년 콘스탄티노플 약탈 때 라틴 십자군 병사들이 자행한 '신앙의 형제들' 학살로 인한 새로운 불만이 생깁니다. 교황 요한 바오로 2세가 자신의 '고통'과 '반감'을… 2004년에 총대주교 바르톨로메오스 1세에게 표현하긴 하지만, 종교적 단절은 이미 이루어졌고, 분열은 엄연히 존재합니다.

기독교는 둘로 나뉘죠.

한쪽에는 로마 라틴 세계, 다른 쪽에는 그리스 정교회!

베네딕트 수도사 모이엔무티에의 훔베르트가 로마에 적대적인 그리스인을 호되게 공격한 건 확실합니다.

…그레고리오 개혁으로 기독교 세계를 바꿀 베네딕트 수도사들처럼 말이죠.

11) 103쪽 참조
12) 103쪽 참조

그레고리오 개혁
제국에 의한 세계의 로마화

'그레고리오 개혁'은 신학자이자 역사학자인 이브 콩가르에 따르면
'교회를 평신도의 후견에서 해방하려는 움직임', 즉 '리베르타스 에스클레시에(Libertas ecclesiae)'입니다.
이 개혁은 여러 동기로 이해할 수 있지요.[1] 교회는 세속 권력에 예속되고 봉건사회에 흡수되어 있습니다.
로마 교회는 이탈리아뿐 아니라 게르만인 가족 및 정치 분파들 사이의 분쟁에 휘말려 있지요.
교회는 성직자 사회를 개혁하기를, 즉 시모니와 니콜라이즘을 폐지하기를 원하며 영적인 부흥을 추구합니다.
그레고리오 개혁은 니콜라오 2세(재임 1058~1061)부터 알렉산데르 2세(재임 1061~1073)를 거쳐
그레고리오 7세(재임 1073~1085) 때까지도 이어집니다.
이 때문에 그레고리오 개혁이라는 이름이 붙여지죠.
엄청난 활력을 띤 이 교회 해방 움직임은 클뤼니 수도사 출신인 우르바노 2세(재임 1088~1099) 때까지
계속되어 1095년에는 클레르몽에서 최초의 십자군이 출범되고, 개혁은 인노첸시오 3세(재임 1198~1216)
교황 치하에서 정점을 이루죠. 교황들의 제국의 운명을 결정한 그레고리오 개혁이 이룬,
제대로 알려지지 않았으나 너무도 중대한 공헌을 이해하려면 다음 세 가지 질문이 필요합니다.

1) 주역은 누구인가?
2) 주요 특징은 무엇인가?
3) 가톨릭교회와 당대 세계에 이 개혁이 끼친 중대한 변화,
오늘날에도 여전히 유효한 변화는 무엇인가?

1) 102~106쪽 참조

주역은 누구인가?

역설적으로 그레고리오 개혁의 시초는 독일 황제들에게서 찾아야 합니다. 먼저 신성 로마 제국 황제로서 클뤼니 수도사들의 영향을 받은 독실한 하인리히 2세(재위 1014~1024)는 영적 측면에서 개혁에 착수하려 힘쓰죠.

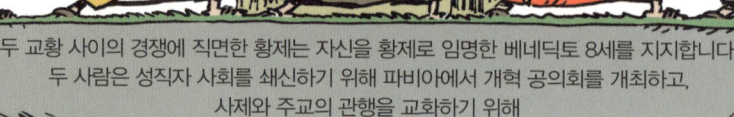

두 교황 사이의 경쟁에 직면한 황제는 자신을 황제로 임명한 베네딕토 8세를 지지합니다. 두 사람은 성직자 사회를 쇄신하기 위해 파비아에서 개혁 공의회를 개최하고, 사제와 주교의 관행을 교화하기 위해 독신 생활을 강화하려 합니다.

하지만 뒤이어 교황 선출 문제에 관여한 것은 특히 황제 하인리히 3세(재위 1039~1056)입니다. 독일 황제는 대부분 부패한 로마 귀족 출신 교황들의 후임으로 연속해서 다섯 명의 독일 및 로렌 지방 교황을 임명하고, 이들은 영적으로 교회를 개혁하고자 하지요. 이 교황들은 수도사입니다.

이들은 개혁의 바람을 일으키는데, 역사의 아이러니로 이는 훗날 이 장에서 다시 다룰 '서임권 논쟁'이 벌어질 때 독일 황제 하인리히 4세에게 불리하게 작용하죠.

독일 황제들은 수도원 제도를 높이 평가함으로써 변화의 불씨를 일으킵니다. 수도사들은 개혁의 진정한 주역이요 신학자죠. 하인리히 3세는 자신의 사촌인 툴의 주교 브루노를 교황직에 앉힘으로써 수도원 개혁에 깊은 영향을 받은 인물을 더욱 지지합니다.

브루노는 황제의 선택만으로는 충분하지 않으며 이제는 (예전처럼) 국민과 성직자들의 찬동을 받아야 한다는 듯, 로마에 단순한 순례자 차림으로 도착합니다. 그는 환호를 받고 1049년 2월 12일에 레오 9세라는 이름으로 교황에 취임하죠.

이 이름은 우연히 지어진 게 아닙니다. 정치권에 맞서 베드로의 계승자로서 로마 주교의 지상권을 확언한 대교황 레오를 기리며 지은 이름이죠. 클뤼니 수도원의 개혁이 한 세기가 넘게 영향을 미친 툴 지방 출신인 그는 제국과 교황청 사이, 더 전반적으로 사회와 교황권 사이의 권한을 완전히 다시 정의하기 시작합니다.

이 교황은 로마에 홀로 오지 않고 로렌 출신의 다른 개혁가들과 함께 오지요. 그의 사촌인 베네딕트 수도사이자 미래의 교황 스테파노 9세(재임 1057~1058)인 프레데리크 다르덴, 역시 베네딕트 수도사인 르미르몽의 위그 르 블랑, 툴의 오동, 또 모이엔무티에의 훔베르트…

이 로타링기아 왕국의 수도사들에 두 번째 개혁의 중심이 더해지는데 이들은 이탈리아인으로 가말돌리회를 창설한 수도사인 '성 로무알도'라 불리는 라벤나의 로무알도(951~1027), 프라스카티 근처에 그로타페라타 그리스 수도원을 창설한 수도사인 로사노의 닐로(910~1025), 또 베드로 다미아니(1007~1072)입니다.

다미아니는 니콜라이즘과 시모니에 반대한 글로 명성을 얻지요. 그는 훗날 교황이 되는 그레고리오 7세, 힐데브란트에게 영향을 미칩니다. 그도 수도사인데 클뤼니 출신으로 추정되지요!

그레고리오 개혁의 특징은 무엇인가?
또는 세계의 로마화가 나타내는 특징은?

1) 교황, 전능한 신의 대리인!

일단, 세계의 로마화는 교황의 절대 권력을 뜻합니다. 그레고리오 7세는 1075년 3월 3일 또는 4일에 작성·구술된 27개의 짧은 명제인 교황령(Dictatus Papae)을 선포합니다. 이 교서로 교황은 예수의 메시지로부터 훨씬 더 나아가 세계의 영적·세속적 최고 지배자가 되지요.

이것이 바로 그레고리오 개혁의 계획입니다. 교황은 '성경에 대응하는 존재'로서 지상 절대 권력의 화신이고, 이는 기독교 역사상 최초이자 유례없는 일이죠. 교황은 그리스도의 위임을 받아 살아 있는 글, 인격화한 최고의 글이 되고자 하지요. 그 주요 내용은 다음과 같습니다.

로마 교회는 오로지 주님에 의해 세워졌다. 로마 교황만이 정당하게 보편적인 권리를 갖는다. 교황만이 주교들을 파면하거나 그 죄를 사할 수 있다. 교황에게 파문당한 자들과는 특히 결코 같은 집에 머물러서는 안 된다.

상황에 따라서 교황만이 새로운 법을 제정하거나, 새로운 국민(또는 '새로운 교구')을 소집하고, 참사회를 대수도원으로 바꾸고, 부유한 교구를 나누거나 가난한 교구를 통합할 수 있다.

오직 교황만이 제국 문장을 사용할 수 있다. 교황은 모든 제후로부터 발에 입맞춤을 받는 유일한 사람이다. 교황은 황제들을 퇴위시킬 수 있다. 필요하면 주교를 다른 교구로 이동시킬 수 있다. 교황은 자신이 원하면 어떤 교회의 성직자라도 임명할 권리가 있다.

교회 내에서는 교황의 이름만 불려야 한다. 교황의 이름은 세계에서 유일하다. 교황의 지시 없이 개최된 어떠한 공의회도 보편 공의회로 지칭되어서는 안 된다. 어떠한 교회법도 교황의 권한 밖에서는 존재하지 않는다. 교황의 판결은 누구에 의해서도 개정되어서는 안 되나, 교황은 다른 모두의 판결을 개정할 수 있다.

교황은 누구에 의해서도 재판받지 않는다. 어느 누구도 사도좌에 호소하는 사람은 단죄할 수 없다. 로마 교회는 한 번도 오류에 빠진 적이 없고, 또한 성경의 증언대로 앞으로도 결코 오류에 빠지지 않을 것이다.

로마 교황이 교회법에 따라 임명되었다면, 의심의 여지 없이 성 베드로의 공로로 거룩하게 된다. 로마 교회와 함께하지 않는 자는 가톨릭 신자로 간주할 수 없다.

이 그레고리오 계획은 두 가지 개념으로 요약됩니다. 첫째는 '그리스도의 대리' 개념이죠. 4세기부터 '베드로의 대리'였던 교황은 이제 '그리스도의 대리'로서 자기 행위를 정당화합니다. 젤라시오 교황이 이미 495년에 로마 공의회에서 '그리스도의 대리'로 불리고, 교황 요한 8세(재임 872~882)가 이 호칭을 한 번 사용한 바 있지만, 이 표현은 12세기부터 그레고리오 7세 이후로, 특히 인노첸시오 3세(재임 1198~1216) 때 자주 사용됩니다.

관건은 교황을 예수의 메시지를 해석하는 권한을 지닌 인물로 간주하는 것이죠. 교황은 그리스도의 종이고 대리인이지만, 모든 남녀의 지도자로서 다른 모든 사람 위에 군림하는 최고의 인간이죠. 인류에게 교황의 해석은 절대적입니다. 인노첸시오 4세(재임 1243~1254)는 자신을 '하느님의 대리'라고 일컫기에 이릅니다. 자신의 권한을 신자들을 넘어… 전 세계로 확장하려고 말이죠.

그레고리오 개혁은 큰 성공을 거둔 두 번째 개념을 강조하는데, 이는 주교권인 에피스코파투스(episcopatus)보다 높은 파파투스(papatus) 개념입니다. 바로 교황권이라는 새로운 형태의 지배권을 규정한 것이죠.

교황권 개념은 11세기 중반부터 많이 쓰입니다. 교황이 인류를 구원으로 이끌기 위하여 사법 및 교리상의 최고 권위를 획득하려는 새로운 현실을 지칭하기 때문이죠. 신학자이자 역사학자인 이브 콩가르는 이 모든 것을 결합해서 그레고리오 개혁을 한마디로 정의 내립니다.
"하느님에게 복종함은 곧 교회에 복종하는 것이고, 이는 곧 교황에게 복종함을 뜻하며, 그 반대도 마찬가지다."
그리고 많은 가톨릭 신자에게는 여전히 그렇죠!

주교들은 조만간 자신들을 교황 영지의 행정관처럼 여기며 명령을 내리는 교황을 불평하기 시작합니다.

주교들이 분열하거나 반대하는 기미만 보여도 교황은 그들을 로마로 소환하고 가끔은 퇴위시키죠. 서방에서는 주교들 간의 합의제 대신에 하나의 최고 권력이 모든 사람에게 강요됩니다.

여기에 더해 인노첸시오 3세는 분명한 변화의 메시지를 전하려고 제4차 라테란 공의회(1215)를 소집합니다.
로마 교회는 모든 것이 집중하는 교회로서 세계의 중심이고, 그 절대 군주는 교황입니다.
인노첸시오 3세는 거리낄 게 없지요! 자그마치 2,000명 가까이 소집합니다.
주교 412명, 대수도원장 또는 소수도원장 800명, 거기에 중유럽과 동유럽의 주교들, 동방의 고위 성직자들이 보낸 대표단,
키프로스의 여왕, 프리드리히 2세 황제의 대리인, 프랑스와 영국, 아라곤, 헝가리 왕의 사절단 등도 포함되지요!
교황의 메시지는 기독교 세계 전체에 보내는 즉각적인 전언이자 통지입니다!

인노첸시오 3세
1215 변화는 바로 지금

교황은 이러한 중앙집권화를 구현하려고 독보적인 도구를 갖춥니다. 바로 로마 교황청이죠.
레오 9세(재임 1049~1054)와 파스칼 2세(재임 1099~1118) 재임 시기에
로마 성직자를 대표하는 추기경들은 교황의 주요 지배 도구이자, 교황권이 기독교 세계의 중심인
새로운 그레고리오 개혁 개념의 제도적 받침대가 됩니다.

라틴어 'cura regis'에서 유래한
로마 교황청(curie romaine)[2] 애초의 목적은
교황의 재력을 확보하고…

…로마의 권세 있는 가문들이 로마 주교구의
주요 행정직을 독점하는 상황에 맞서는 것이죠…

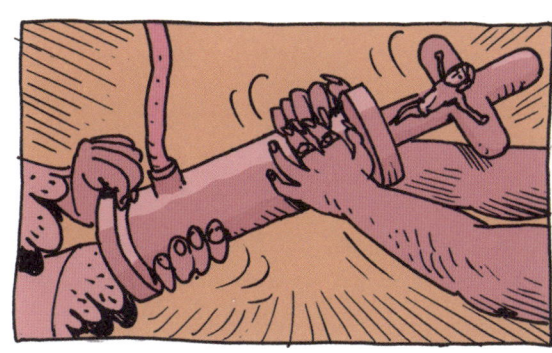

교황청의 핵심인 추기경 회의는 교황이 교회 통치에 관한 사안을 로마 추기경들과 논의하는 기구입니다.
우르바노 2세는 황제와 왕, 주교의 파문이나 분란의 소지가 있는 주교 선출 같은 까다로운 사안을 이 기구가 결정하게 함으로써
그 지위를 결정적으로 높이죠. 교황청은 또 면속이나 교구 조직 문제도 다룹니다.
이러한 사안은 그레고리오 7세 재직 때까지 로마 주교 회의에서 다루어졌지요.

2) 1089년경 생긴 용어

본질적으로 교황청은 두 가지 기능을 지닙니다. 교황권을 확보하고 확장하는 것이죠. 교회는 교황이 군주인 왕국과 비슷합니다. 선택된 인물들이 각종 상징과 수단으로 로마 최고권을 단언하죠. 모든 요소가 한데 모여 규범을 만들어 발표하고 정보를 수신하는 중앙집권형 정부를 구축하며, 그 원천이자 판관, 소송 당사자는 베드로의 자리지요.

3) 법: 모든 것을 확고히 기입하다!

법은 관행과 의례, 정치권력, 평신도와 성직자를 밑바닥부터 꼭대기까지 통제해야 합니다! 세계의 로마화는 법률주의를 뜻하기도 합니다. 이를 위해 교황은 새로운 도구인 교회법(canon)을 갖춥니다. 교회법은 '갈대의 가지'를 뜻하는 그리스어 어원 'kanôn'이 가리키듯 로마 교회에서 '모든 것의 척도'가 되지요.

뒤이어 교회법은 확대 해석되어 '직선 모양이고 일정한 길이인 모든 나무 막대기', 뒤이어 '측정하는 물건'이 됩니다. 용어의 기원은 교회법의 기능을 알려줍니다. 바로 모든 사람을 올바른 길로 통솔하면서 필요하면 처벌을 가하는 것이죠!

시작점에는 《서로 모순하는 교회법령의 조화집(Concordia discordantium canonum)》이 있지요. 1140년쯤에 수도사 그라티아누스가 작성했는데 《그라티아누스 법령집》이라는 이름으로 알려진 이것이 곧 교회법이 됩니다. 이 법령집은 3,800건이 넘는 문서('사도' 정경, 교부의 글, 교황령 모음집, 공의회 결의문, 로마와 프랑크의 법률 등)를 결집해 총괄한 결과물입니다.

볼로냐 교회법 학교에서 1087년에 채택된 법령집이 교황과 라틴 신학자들에게 제공됩니다.

《그라티아누스 법령집》의 주요한 목적은 무엇일까요. 그레고리오 계보 안에서 '최고 자리' '사도좌' '최고의 판관' '유일한 입법자'에 의하여 교회가 지휘되는 것을 정당화하는 교회 고유의 자율적인 법을 표명한 글들을 '모으는 것'이죠.

열쇠의 권한을 지닌 유일한 사람[3]인 베드로의 수위권은 법령집에서 여러 차례 '신성한 기구'로 확인됩니다. 다른 모든 교회의 지도부는 교회법을 매개로 교황에게 복종해야 하고, 안 그러면 파문당할 수 있지요!

이 법으로 교회법 학자라는 새로운 직업이 생겨나는데, 이들은 특히 볼로냐와 파리의 학교에서 갓 탄생한 법학을 연구하는 데 전념하죠. 이들은 로마법과 더불어 교회의 법학인 교회법을 전파하고 가르칩니다.

이 전문가들은 점차 로마뿐 아니라 기독교 세계 각지의 무수한 사무국과 법정에서 로마 체계의 진정한 이념적 기둥이 됩니다.

3) 52쪽 참조

4) 성직자 중심화 또는 주임 신부의 탄생

그레고리오 개혁과 뒤이은 라테란 공의회(제1차 1123년, 2차 1139년, 3차 1179년, 4차 1215년)로 교회 내에서 교회의 기반으로서 성직자의 권한을 복원하고자 합니다. 로마화는 기독교 세계의 성직자 중심화와 함께 진행됩니다. 부패한 성직자의 이미지를 바꾸고, 사회에서 분리된 어떤 모범적인 새로운 인물상, 바로 주임 신부를 강조하는 것이죠.

수도원에서 시작해 교화적인 의도에서 성과 재물을 단죄합니다…

…그런 것들은 성직자 세계에서 멀리 떨어뜨려 세속 사회에 가두어두어야 하지요.

성스러운 것의 이미지는 다시 정의되어야 합니다. 신성함과 거룩함은 단지 전례에서뿐 아니라 사제와 주교들의 삶에도 반영되어야 하지요.

최초의 정화는 니콜라이즘에 맞서 이루어집니다. 교황 니콜라오 2세는 1059년 이탈리아 중부 주교 회의에서 성직자가 아내를 맞는 것을 완전히 금지함으로써 공격을 개시합니다. 이를 지키지 않으면 심한 처벌이 따르죠. 혼인했거나 내연 관계를 맺는 사제들에 대해 처벌 조치가 이루어지고, 죄지은 성직자가 집전하는 미사에 평신도가 참석하는 것을 금지하지요.

혼인은 불법이지만, 독신을 의무화한 제2차 라테란 공의회(1139)까지는 혼인이 유효합니다. 하지만 이제는 독신자만 사제직을 얻을 수 있지요. 그런데 주교들은 이를 적용하지 않습니다. 많은 주교와 사제가 노르망디와 브르타뉴, 가스코뉴 지방, 이탈리아 등지에서 혼인한 상태였기 때문이죠…

인노첸시오 3세가 소집해 1215년 11월 11일부터 30일까지 열린 제4차 라테란 공의회는 주임 신부의 감독 아래 종교 및 일상생활의 규율을 정합니다. 이 공의회에서 교회법령 21조로 고해성사를 의무화하지요.

모든 신자는 적어도 1년에 한 번 사제에게 자신의 모든 죄를 고백하고 주어진 '보속'을 수행해야 합니다. 신자는 부활절에 적어도 한 번 영성체합니다.

이 의무를 이행하지 않는 사람은 생전에 교회에 들어가지 못하고 죽어서는 묘지에 묻히지 못하죠. 그 이전에 심각하고 모두에게 알려진 행위에 대해서만 드물게 이루어진 공동 고백 대신에 (사제의 귀에 하는) 비밀 고해를 공식적으로 인정함으로써 교회법령 23조는 풍속을 통제하는 가장 중요한 도구가 되지요.

고해와 영성체는 1년에 한 번, 부활절에 행하는 의무입니다. 이로써…

사제가 신자들을 도덕적으로 지배하는 일이 정당화되죠. 사제는 신자 개개인의 마음속으로 파고듭니다!

신부는 영혼의 감찰관으로서 가톨릭교회의 중요한 인물이죠. 신부에게는 영원히 토지 일부를 포함하는 본당이 부여됩니다. 신부는 신자들의 '지도자'로서(교회법령 32조) 신자들을 보살필(감시할) 책임을 지고, 이 때문에 영혼의 치유라는 라틴어 'cura animarum'에서 파생한 말인 주임 신부(curé)라고 불리죠.

카롤링거 왕조의 교회에서 이미 신자를 돌보는 사제의 중요성을 인정했다면, 제4차 라테란 공의회는 본당 수준에서 사제에게 독점권을 부여합니다. 주임 신부는 자기 본당의 모든 영혼에 대하여 치유를 보증합니다. 어머니의 뱃속부터 땅속에 이르기까지, 즉 세례, 부활절 영성체, 연례 고해성사, 혼인 강복, 장례에서 말이죠.

사회와 동떨어져 있으며 독신으로서 혈연관계와 동떨어진 전문가들이 이런 식으로 베드로의 자리와 연결되어 있습니다.

이들은 건드릴 수 없는 성스러운 직원으로서 사회적으로 분리된 덕분에 신자들의 구원을 사명으로 하는 교황이 이끄는 기관에 '몸도 마음도' 헌신할 수 있지요.

5) 탈정치화: 교회가 정치적 자율성을 주장하다!

그레고리오 교황들은 황제와 왕들의 정치적 후견에서 벗어나고자 합니다. 특히 두 가지가 로마좌에 중대하며 권력으로부터 독립되어야 하지요. 바로 주교 선출과 교황 선출입니다. 기독교 세계의 로마화는 곧 세속 권력의 영향을 받지 않는 자율적인 선출을 뜻합니다. 황제와 갈등을 빚는 한이 있더라도 말이죠!

먼저 초기의 조치는 주교 선출에 대해 이루어집니다. 이미 랭스 공의회에서 교황 레오 9세는 "성직자와 그 국민에 의해 선출되지 않았으면 누구도 교회에 대한 지배권을 차지할 수 없다"라고 규정하는 교회법을 공포합니다. 달리 말하면, 주교를 선출할 때 왕과 황제의 권력은 퇴장하라는 것이죠.

뒤이어 교황 니콜라오 2세는 1059년에 평신도 서임을 전반적으로 규탄합니다. "어떤 사제나 성직자도 무상으로, 또는 금전을 대가로 평신도로부터 교회를 받지 않는다." 이제는 국민도 주교 선출에 관여할 수 없죠!

하지만 무엇보다 교황 니콜라오 2세의 조언자였다가 그레고리오 7세가 된 힐데브란트가 1075년에 이러한 금지를 되풀이하고, 이를 적용할 임무를 띤 특사를 서방 전역에 파견합니다. 같은 목적으로 클레르몽 공의회에서 우르바노 2세는 성직자가 '평신도에게 경의'를 표하는 것을 금지하지요.

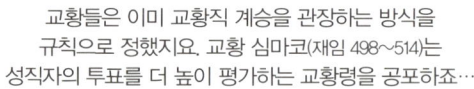

4) 로마에서는 추기경을 세 그룹으로 나눈다. 주교급 추기경은 로마 교외의 일곱 교구를 책임진다. 사제급 추기경은 로마의 28개 직위나 본당 중 하나에 소속된다. 끝으로, 부제급 추기경은 로마의 7개, 뒤이어 14개 지역 중 하나에서 가난한 사람들을 돌보는 일을 담당한다.

싸움은 1122년에 교황 갈리스토 2세와, 하인리히 4세의 아들인 황제 하인리히 5세 사이에 체결된 보름스 협약으로 종료됩니다.

독일 황제는 서임권을 포기하고 교회에 자율권을 주지요.

그래도 로마 주교를 비롯해 주교 선출을 둘러싼 알력 다툼은 계속됩니다!

이게 바로 역설이죠. 한편으로는 교황과 교황청이 황제와 왕들에게서 독립하려는 의지, 즉 교황 선출의 탈정치화가 이루어지지만, 다른 한편으로는 대문으로 쫓겨난 정치권이 창문으로 되돌아옵니다. 이번에 정치권은 교황청의 중심부로 파고들지요. 주교를 선출하는 추기경들이 정치 및 외교적 간부가 되기 때문입니다. 교황이 인류와 모든 국가를 구원으로 이끄는 것을 자신의 임무로 삼는 한 이런 상황은 피할 수 없지요!

6) 십자군 전쟁으로 이슬람교와 대치하다

그레고리오 7세는 동방을 향한 대규모 군사 원정을 심각하게 고려한 최초의 인물입니다. 그 목적은 1) 콘스탄티노플을 되찾아 1054년의 교회 분리를 종식하고, 2) 예루살렘을 정복해 이교도로부터 성스러운 장소를 해방하는 것이죠. 세계의 로마화는 십자군과 발맞추어 진행됩니다.

이베리아 반도를 아랍인의 지배에서 해방하려는 스페인 재정복 때, 그레고리오 7세는 처음으로 이슬람교도에게 폭력을 향한 기독교인에게 면죄부를 줍니다. 그 근거는 바로 성경 속 예레미야 예언자의 말이죠.

피 흘리는 일에서 칼을 거두는 자는 저주를 받으리라.[5]

5) 예레미야서(48, 10)

이제 전쟁은 '성스러운 전쟁'이 됩니다. 교황의 명령으로 서방 세계는 이슬람교를 공격하기 시작하죠. 이리하여 십자군이 탄생합니다.

그레고리오 7세가 사망한 지 10년 뒤, 클뤼니 수도사인 교황 우르바노 2세는 1095년에 클레르몽-페랑에서 공의회를 소집합니다. 공의회에서는 예루살렘을 해방하러 떠나는 사람들에게 전대사, 즉 죄에 대한 벌을 모두 면해준다고 약속합니다.

이 공의회를 마치며 1095년 11월 27일에 한 유명한 대중 연설에서 우르바노는 모든 기독교 세계에 무기를 들라고 촉구합니다. 그는 동방 기독교인들의 불행을 말하며 서방 기독교인이 서로 싸우기를 멈추고 단결해 '이교도들'을 무찔러 동방의 형제들을 해방하자고 촉구하죠.

교황은 순례자들이 당할 고통도 숨기지 않습니다. 왕들을 거치지 않고 기사들에게 직접 전한 이러한 촉구에 대중은 열광했고, '신이 원한다'고 응답하며 예루살렘으로 떠날 것을 맹세합니다.

기독교 세계는 하느님의 이름으로 예루살렘을 정복하러 나서죠. 집결의 표식은 새로운 십자군 병사 공동체에 소속됨을 상징하는 천으로 된 십자가죠.

이 최초의 십자군으로 새로운 기관인 기사 수도회가 탄생합니다.
수도회처럼 규칙을 지닌 기사들로 이루어진 수도회의 임무는…

… '성스러운 전쟁'이죠.

군인 수도사 자크 드 몰레는 수도 서원(정결, 청빈, 순종)을 하고 합법적으로 살육할 수 있게 됩니다! 예루살렘의 성 요한 구호기사단, 그리고 유명한 템플기사단이 있지요!

LICENCE TO KILL

템플기사단 기사들은 예루살렘의 솔로몬 성당이 있던 곳에서 지냈기 때문에 이렇게 불렸는데, 초기 목적은 1118년에 기사단을 창설한 샹파뉴 출신 기사 위그 드 파앵의 희망에 따라서 성지순례자들을 보호하는 것이었습니다.

1129년 1월 13일 트루아 공의회에서 마침내 전 기독교 세계로부터 인정받은 템플기사단은 군사적, 경제적 수도회로서 유력해집니다. 템플기사단은 임무를 수행하고 재정을 확보하려고 서방 기독교 유럽 전역에 걸쳐 증여받은 토지를 바탕으로 기사령(commanderie)이라 불린 수도회 네트워크를 조직하지요.

청빈, 겸허, 순종!

이런 활발한 활동으로 템플기사단은 당대 강국들의 재정적인 교섭 상대가 되지요. 템플기사단은 일부 왕들과 비영리 거래를 하고 왕실의 보물을 보관합니다.

하지만 템플기사단은 지나치게 성공한 나머지 1285년부터 1314년까지 프랑스의 미남왕 필리프에게 밉보이고,

23대 기사단 총장 자크 드 몰레는 1314년 3월 18일에 파리에서 화형을 당하죠.

이것이 군인-수도사의 종말입니다.

십자군은 우발적인 사태가 아니라 그레고리오 개혁의 전형적인 현상입니다. 기사수도회가 만들어진 것 말고도 여덟 차례의 십자군으로 주요한 세 가지 특징이 나타나죠.[6]

1) 십자군은 본질적으로 신성합니다. 그리스도의 대변인인 교황이 친히 그리스도의 대리로서 '성스러운 전쟁'을 촉구하므로 십자군은 그리스도에게 승인받았다고 간주되죠.
2) 십자군은 정치적입니다. 서방 기독교 세계 전체, 귀족, 성직자, 일반 신자 모두의 사안이죠.
3) 십자군은 종교적입니다. 공유된 영적인 열정, 당대에 마법과 같은 도시인 예루살렘을 차지한 이교도에 맞서 싸우도록 촉구받아 수천 킬로미터를 가로지르는 순례자들이 없다면 십자군은 상상할 수 없지요.

6) 역사학자들은 십자군이 여덟 번 이루어졌다고 본다. 1차(1096~1099), 2차(1147~1149), 3차(1189~1192), 4차(1202~1204), 5차(1217~1219), 6차(1228~1229), 7차(1218~1254), 8차(1268~1272)

7) 종교재판, 내부 반대 세력에 대한 박해

12세기 후반부터 그레고리오 교황들은 점점 더 격해지는 내부 반발에 직면합니다. 청빈과 속죄의 두 움직임이 교황의 권위를 문제 삼죠. 바로 카타리파와 발도파입니다. 이로부터 그레고리오 개혁의 일곱 번째이자 마지막 특징인 종교재판이 생깁니다.

첫 번째 움직임은 카타리(그리스어 'katharoi'로 '순수한 사람들')파입니다. 알비가 그들의 주요 중심지 중 하나라서 '알비파'라고도 불리는 카타리파는 발칸 반도에서 유래하며 마니교 교리를 가르칩니다. 하느님, 선, 선한 세상의 창조자의 원리가 사탄, 악, 눈에 보이는 악한 세상의 창조자의 원리에 맞서 싸우죠.

이 교리는 육식과 혼인, 병역, 맹세, 제단, 성인, 성유물을 금지합니다. 프랑스 남부와 이탈리아의 귀족과 사제, 수도사, 일반 신자들 사이에서 지지를 받죠.

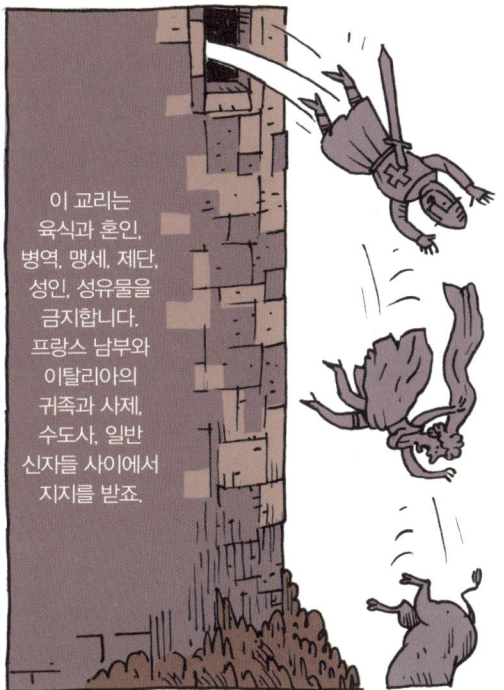

'완성자(parfaits)'와 '완성녀(parfaites)'로 이루어졌고 그 안에서 여성이 남성과 동등한 반(反)교회가 교리와 추종자를 갖추며 발달합니다. 지방 교회에서 부제들이 이끈 카타리파의 움직임은 로마 가톨릭 의례와 부패한 성직자 계급 및 교황이 강제력을 동원하는 것을 규탄하며 점점 더 많은 추종자를 얻을 뿐 아니라…
로마의 분노도 초래하죠. 카타리파는 쫓겨나 몽세귀르로 후퇴합니다. 이 성채는 10달간 포위당한 끝에 1244년 3월 16일에 함락되죠. 200명의 완성자와 완성녀들이 화형을 당합니다. 이것으로 카타리파는 종말을 맞죠.

두 번째 움직임은 발도파입니다.
리옹의 부유한 상인 피터 발도는 1173년에
개종한 후 자기 재산을 전부 팔고 가난한 삶을
살려고 아내와 자녀들을 저버립니다.
그는 설교하기 시작하고 곧 대중의 추종을 받지요.
평신도들은 두 명씩 짝을 지어
복음의 메시지를 선포하도록 권고받습니다.

1179년에 제3차 라테란 공의회에 간 그는 교황으로부터 자신이 권고하는 생활방식과 자신이 갓 만든 평신도 금욕 형제회가 인정받기를 기대합니다.

하지만 실패하죠. 교황 알렉산데르 3세가 어떻게 여성을 포함한 한낱 평신도들이 서품도 받지 않고 신의 말씀을 전하도록 허락할 수 있겠습니까?

이러한 이단 움직임에 맞서 교황청은 종교재판을 창설해 신앙 종교재판소에서 이단을 체계적으로 사법 처벌합니다.

종교재판의 발달은 세 단계로 이루어지죠. '주교 종교재판'과 탁발 수도회에 의한 종교재판인 '교황 종교재판', 고문이 허용되는 종교재판입니다.

먼저 교황 루치오 3세는 1184년에 베로나 공의회를 소집합니다. 이 공의회에서는 교황권이 정한 처분에 불응하는 것으로 정의 내려진 이단과 모든 이교를 단죄하지요.

게다가 11월 4일 교서 〈폐지를 위하여(Ad abolendam)〉에서 교황은 '주교 종교재판'을 제정합니다. 주교가 '영원히 불명예스럽다고 선포된' 이단자를 지목하면 그들은 단죄를 받지요…

…세속 권력에 의해서 말이죠.

뒤이어 그레고리오 9세는 1232년 2월 8일 〈제3차 후마니 제네리스(humani generis)〉 교서에서
"우리는 프랑스와 이웃 지방들의 이단자에 맞서 설교자 형제들을 보내니, 그들을 친절하게 맞이하여 잘 대하고
그들을 보조하기를 간절히 촉구한다"라면서 자신이 더 이상 신뢰하지 않는 주교들에 대해 '교황 종교재판'을 개시합니다.

그레고리오 9세는 성 도미니크가 1215년에 창설한 수도회로 도미니크회라고도 불리는 '설교자들의 수도회'에게 이단자에 맞서 싸우는 임무를 맡깁니다. 1233년 4월 13일에 교황은 도미니크회 수도사들에게 프랑스 전역에서 이단을 뒤쫓는 일을 공식적으로 맡기죠. 교황은 탁발 수도회들(도미니크회, 프란체스코회)에 카타리파와 다른 이단들을 처단하게 합니다.

교황의 권위에만 복종하는 이 수도사들은 주교에게 해명할 필요가 없었습니다. 주교들은 자기가 아는 사람들을 추궁하기를 주저했지요. 예전에 주교가 하던 종교재판은 이제 도미니크회와 프란체스코회 수도사들의 임무가 되었습니다.

마지막 단계로 1252년 심문 때에 고문이 정당화됩니다. 1252년 이전에 교회는 자백이 증거보다 더 우월하다고 보고 이를 선호했죠.

이제는 피고가 계속 부인하면 종교재판관이 단식을 강제하거나 잠을 못 자게 하는 등 강압적인 방식을 사용할 수 있습니다.

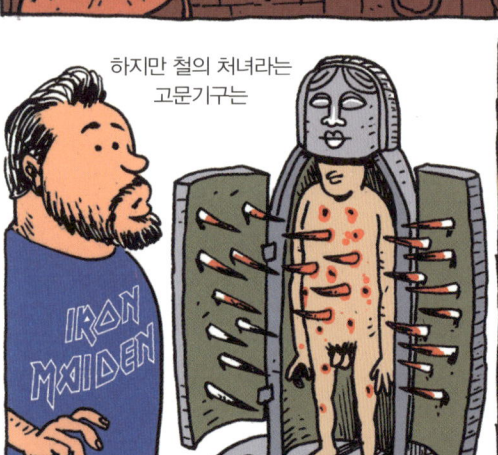

하지만 신학자이자 역사학자인 한스 큉이 썼듯 종교재판은 이름만 바뀌었을 뿐 오늘날에도 원칙상 존재합니다. 종교재판은 여전히 "보편적으로 인정되는 인권과 정의의 가장 기초적인 요구사항을 무시하고" 그레고리오 개혁의 원칙을 따르죠. 이는 기밀로 취급되는 정보 절차와 식별, 증인이나 전문가 심문 부재, 소송 초기 문서 접근 불가, 고소인이 판사라는 점, 그리고 "소송의 목적이 진실 발견이 아니라, 언제나 진실로 간주되는 로마 교리에 복종하는 것"7)이라는 원칙입니다. 요한 바오로 2세는 1988년에 자신의 직무를 교황령에서 이렇게 밝히죠. "신앙교리성의 고유한 직무는 전 가톨릭 세계에서 신앙에 적합한 교리와 풍속을 장려하고 보호하는 것이다. 그러므로 어떤 방식으로든 이 분야에 연관되는 일은 신앙교리성의 관할에 속한다." 가톨릭 신앙에 반대되는 교리에 대하여 신앙교리성이 내릴 수 있는 가장 막중한 처벌은 자동 처벌 파문입니다.

7) 한스 큉, 이종한 옮김, 《그리스도교: 본질과 역사》, 분도출판사, 2019

가톨릭교회에서 오늘날까지 유효한 주요 변화는 무엇인가?

이 개혁은 너무도 근본적이어서 로마 가톨릭교회는 아직도 그 흔적을 교회의 구조와 세계 정복 과정에서 생생히 간직하죠. 교회법, 위계질서, 교황의 권한, 꼭대기에서 가장 밑바탕이 되는 본당의 신부에 이르는 지배 구조…

한마디로 그레고리오 개혁은 교회 내의 변화가 아니라 교회의 변화입니다. 그 이후는 그 이전과 다르죠.

참여 방식이 서로 상반되는 두 영적 인물상이 그레고리오 개혁으로 생긴 이러한 교회의 변화를 잘 보여줍니다.

첫 번째 인물상은 베르나르 드 퐁텐레디종, 미래의 베르나르 드 클레르보(1090년 또는 1091~1153)입니다. 클뤼니 수도원은 12세기 초에 지나친 성공으로 피해를 봅니다. 이탈리아 수도사 베드로 다미아니의 말에 따르면 클뤼니 수도사들은 주교들보다 더 부유해지죠. 수도사인 몰렘의 로베르가 창설한 시토회는 클뤼니 수도회보다 더 심한 청빈과 육체 노동을 권장합니다.

1112년에 젊은 귀족 베르나르 드 퐁텐레디종은 서원하고자 시토회를 찾습니다. '그리스도의 사랑'으로 엄격한 금욕을 추구하는 베르나르와 그 친구들은 자신의 신앙을 체험하고자 지칠 줄 모르고 활동하죠.

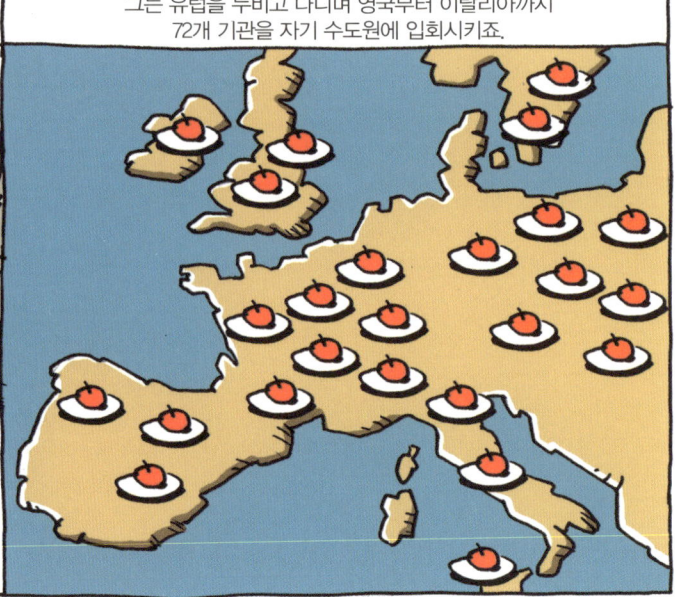

베르나르는 클레르보로 파견되어 시토회 수도원을 창립하고 이끕니다. 그는 유럽을 누비고 다니며 영국부터 이탈리아까지 72개 기관을 자기 수도원에 입회시키죠.

시대의 진정한 영적 스승인 그는 대중을 감동시키고 인도할 줄 압니다. 활력이 넘치고 섬세해 대중을 매료시키고 애착을 불러일으키지만…

…동시에 짜증 나게 만들고 자극하고 적대감을 불러일으키죠.

그의 최종 목표는 교황과 로마 가톨릭교회가 진정한 신앙을 영위하도록 교황과 교회에 영적·지적 수단을 부여하는 것입니다. 1) 이단에 맞서 싸우고, 2) 정치권력에 대해 교회의 권위를 세움으로써 말이죠.

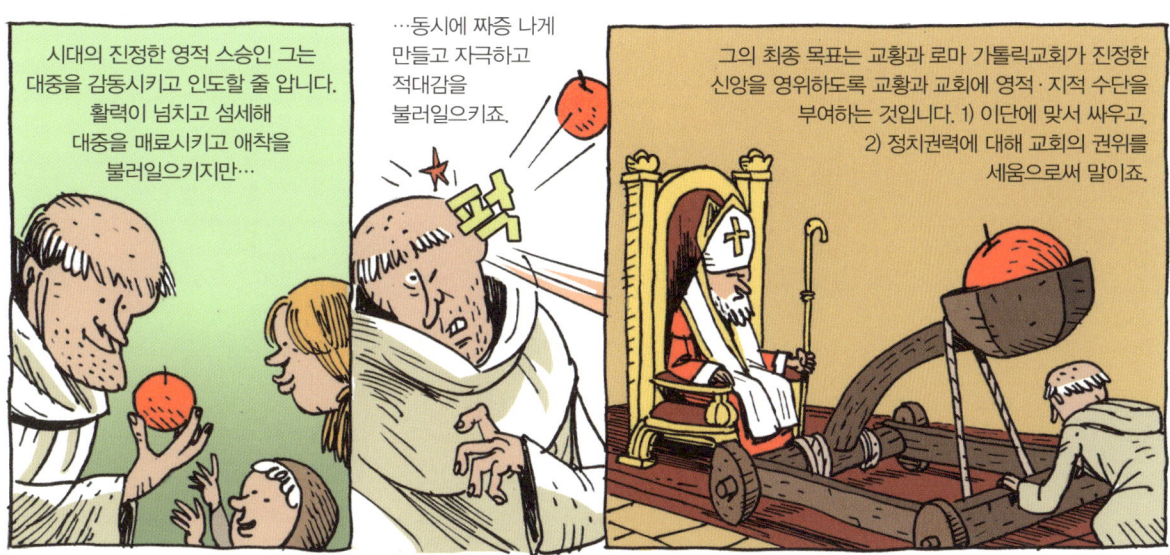

베르나르는 제2차 십자군을 설파하고 이단인 카타리파에 맞선 '성스러운 전쟁'에 대한 전투적인 이념을 구상합니다. "그들을 붙들고, 그들이 전부 사라질 때까지 멈추지 말라. 그들은 개종하기보다 죽기를 더 좋아했음을 증명했기 때문"이라면서요.

베르나르는 정치권력에 맞서 세력을 확보하려고 루카 복음서(22, 38)의 '칼 두 자루'에 대한 구절을 두고 세속의 칼이 영적인 칼에 종속된다고 해석합니다. 그리고 이 해석을 근거 삼아 여러 차례 프랑스의 왕들에 맞서죠.

'유럽의 비밀 황제'라는 별명으로 불린 그는 복음으로써 로마 교회에 봉사하며 교회와 교황에게 자신의 삶을 헌신한 뒤, 유럽에 시토회 수도원이 500개소에 이른 1153년에 사망합니다.

이와는 전혀 다른 관점에서·아시시의 프란체스코(1181 또는 1182~1226, 속명은 조반니 디 피에트로 디 베르나르도네)는 그레고리오 시대의 두 번째 주요 영적 인물상입니다. 그는 일곱 자녀를 둔 가정에서 태어났는데, 아버지는 부유한 포목상이고 어머니는 지방 귀족 출신인 독실한 여성이죠. 그는 원래 상인이 될 운명이었습니다.

귀족 신분을 열망하던 부르주아가 가담한 도시 반란의 시대에 그는 아시시와 페루자의 귀족들과 전쟁을 벌입니다. 1년간 투옥된 뒤 병에 걸린 그는 1203년에 풀려나죠.

하지만 1205~1206년에 아시시의 가난뱅이는 기사도를 포기하고 신앙을 발견합니다. 1208년에는 복음에 따라 살기로 결심하죠. 전 재산을 포기하고 청빈하게, 모든 권력과 영향력을 포기하고 겸허하게, 지식과 학문을 동원하지 않고 모든 생명, 동물, 자연에 말을 걸며 단순하게 말이죠.

1212년에 아시시 귀족의 딸인 클레르가 그에게 합류해 '자매들'의 공동체를 이끕니다. 그는 1221년과 1223년에 '작은형제회' 또는 프란체스코회의 규칙을 작성하죠. 이 규칙에서는 부와 권력 포기를 강조하고, '이교도', 즉 이슬람교도를 위한 구원을 설교합니다. 그가 보기에 관건은 평화롭게, 모든 하느님의 창조물에 대하여 '조심'스럽게 '소송도 분쟁도 없이' 하느님을 증언하는 것이죠.

이러한 접근법은 베르나르 드 클레르보의 접근법과 반대로, 복음을 위해 교회를 활용하지요. 알비파에 맞서 십자군을 이끈 교황 인노첸시오 3세가 그를 맞이하고 그는 교황에게 충성을 맹세하는데, 이 만남에서 교황은 이단과 이슬람교에 맞서 무력만으로는 충분하지 않다는 사실을 깨닫습니다. 특히 복음에 관계될 때는 겸허와 대화가 제 역할을 할 수 있죠.

이것이 바로 교황 프란체스코가 2013년 3월 13일에 제 266대 교황으로 선출되고 이 이름을 선택한 이유일 것입니다. 교회는 복음을 위해 존재해야 하지요…

그 반대가 아니고요!

어쨌든 앞으로도 다른 많은 사건이 우리를 기다리고 있을 테죠…

맞아요. 그럼 다음을 기약하며, 안녕!

주

a) 3면 구도는 주요 세 단계를 포함하는 가톨릭 전례의 구조를 이룬다. 이 세 단계는 1) 용서 구함을 정점으로 하는 도입부, 2) 복음서 독서를 정점으로 하는 말씀의 전례(성경 읽기), 3) 모인 신자들을 향해 신호하며 빵과 포도주를 성체와 성혈로 변화시키는 것을 정점으로 하는 성찬식 또는 성찬의 전례다.

신자들이 자신의 신을 향해 하는 용서 구함은 키리에 엘레이손(주여, 불쌍히 여기소서)으로 거슬러 올라간다. 기독교 이전부터 존재한 이 기도는 이교(에픽테토스, 《담화록》 2, 7)와 유대교(《시편》)에서도 찾아볼 수 있고, 이러한 구원 요청은 신약성경(《마태오 복음서》, 17, 15; 20, 30-31)에도 등장한다. 이는 구원을 갈구하는 탄원인 동시에 자신이 궁지에서 벗어나도록 도와줄 하느님의 권세와 자비에 의존하는 인간의 희망도 드러낸다. 기독교 초기 공동체에서 낭송된 키리에는 신자들이 미사를 집전하는 사제에게 화답하여 노래한다. 5세기 말에 이 화답 기도는 전례 초반에 이루어지고 이후로 그 위치가 움직이지 않았다.

말씀의 전례에 대해서는 '철학자' 유스티노(2세기)가 설명을 남긴 바 있다. 이에 따르면 "도시에 살든 시골에 살든 모든 사람은 같은 장소에 모여 가능한 한 오랫동안 사도들의 회고록이나 예언자의 글을 읽는다. 뒤이어 독서가 끝나면, 모임의 의장이 나서서 우리를 질책하고 우리가 그 아름다운 가르침에 따라 살도록 촉구한다". 이는 유스티노가 쓴 《호교론》(153년경) 67장에 나오는 부분인데, 이 장에서는 유대교 회당에서 토요일 오전에 진행되던 전례의 영향을 받은 말씀의 전례가 기술된다. 이는 시작 노래, 율법 독서, 노래, 예언자의 글 독서, 강론, 신자들의 기도로 이루어진다.

빵과 포도주의 축성에 대해서 유스티노는 역시 《호교론》 67장에서 빵 나눔을 다음과 같이 설명한다. "우리는 모두 일어나 하느님께 기도를 바친다. … 기도를 마치면 빵과 포도주, 물을 가져오고, 의장은 지성껏 기도와 은총의 활동을 불러일으키고 백성은 아멘이라고 선포해 동의를 표현한다. 그런 다음 한 사람 한 사람에게 성체를 나누어 준다. 또 오지 못한 사람들에게는 부제를 통하여 그들의 몫을 보내준다." 유스티노는 자신의 책 《트리폰과의 대화》에서도 사도들에 의해 전수된 "강생한 예수의 피와 살" "우리 구원을 위한 피와 살"(70장 4절, 117장 1절)인 성찬 양식에 가담하라는 예수의 명령을 기초로 하는 성찬의 전례를 기술한다. 끝으로 파견의 순간이 온다. 미사라는 말은 전례 예식을 끝맺는 '돌려보냄'을 뜻하는 'missa'에서 유래한다. 이는 신자들에게 임무를 지워 세상을 향해 내보내는 일이다. 파견의 신학적 근거는 무엇보다 바울의 말에서 찾아볼 수 있다. "자기가 믿지 않는 분을 어떻게 받들어 부를 수 있겠습니까? 자기가 들은 적이 없는 분을 어떻게 믿을 수 있겠습니까? 선포하는 사람이 없으면 어떻게 들을 수 있겠습니까? 파견되지 않았으면 어떻게 선포할 수 있겠습니까?"(《로마 신자들에게 보낸 서간》, 10, 14-15) 이 모든 것이 일단 이루어지면 미사는 끝난다. "미사가 끝났으니 가서 복음을 전합시다(Ite missa est)." 참조: 올리비에 보비노, 《교황들의 제국(Empire des papes)》, CNRS Éditions, 2013.

b) "검은 머리칼을 지닌 젊은 유대인이 몇 시간 동안 악마적인 기쁨으로 빛나는 얼굴을 한 채, 그가 자기 피로 더럽히는 위험을 깨닫지 못하는 소녀를 노리며 그 소녀가 속한 민족을 굴복시킨다. 그는 온갖 수단을 동원해서 자기가 정복하려는 민족의 인종이 근거한 기초를 파괴하려 한다. 여자와 소녀들을 철저하게 타락시키는 것과 마찬가지로, 그는 서로 피가 다른 민족 사이에 놓인 장벽을 거대한 규모로 무너뜨리기를 두려워하지 않는다. 라인 강에 검둥이를 데려온 것은 유대인이었고 그들은 지금도 그렇게 하고 있으며, 그 은밀한 의도는 한결같고 그 목적은 분명하다. 바로 자신이 증오하는 백인종을 혼혈로 퇴화시켜 파괴하는 것, 백인종이 도달해 있던 문명과 정치 조직의 높은 수준에서 떨어지게 만들어 스스로 주인이 되는 것이다. 순수한 인종이며 자기 피의 값어치를 인식하는 민족은 결코 유대인에게 굴복할 수 없을 테니까."(아돌프 히틀러, 《나의 투쟁》)

c) 그리스어 어원에 따르면 산헤드린은 '모여 앉는 집회'다. 대제사장이 주재하는 산헤드린은 원로들과 대사제들(사두개파), 율법학자들(바리새파)로 구성되며, 사법 및 종교 측면에서 법정의 기능을 담당한다. 이 기구는 사형을 선고할 수 있었으나, 사형 선고는 로마 점령하인 예수의 시대에 총독인 본디오 빌라도의 비준을 받아야 했다.

d) 바리새파는 기원전 150년쯤에 대두한 열렬한 유대인 정치 및 종교 집단이다. 이들은 일상생활에서 반드시 지켜야 하는 모세의 율법에 대한 의욕적인 연구와 음식 섭취, 성, 혼인, 안식일 준수, 십일조, 성전 의식 등 율법의 철저한 실천을 강조한다. 한편 이와 동시에 이스라엘 민족 모두가 따라야 하는 교부(또는 원로) 전통을 참조하여 이런 의무를 정당화하기 위한 이론을 발달시킨다.

e) 예수의 어머니는 푸른 망토를 걸친 모습으로 표현된다. 오랫동안 무시되거나 하찮게 평가된 푸른색은 12세기에 와서야 높이 평가받는다. 이는 염색 기술 발달(선명한 색조), 그리고 성모마리아 숭배라는 상징적 이유 때문이다. 그런데 어째서 푸른색을 성모마리아와 연관시킨 것일까? 푸른색은 아주 비싸고 귀해서 오로지 성모에게만 어울리는 청금석에서 얻는 '청색' 색소이기 때문이다. 오랫동안 예수의 어머니가 입은 겉옷에만 사용되던 이 색은 나중에 왕들이 사용한다. 여기에서 '왕의 푸른색(로열 블루)' 색조가 유래한다. 마찬가지로 성모에 대한 헌신은 '(아이를) 푸른색에 바치다'('성모를 찬양하기 위해 아이에게 몇 년간 푸른 옷만 입힐 것을 맹세하다'라는 뜻의 프랑스어 표현—옮긴이)라는 관용구에서 찾아볼 수 있다. 높이 평가받거나 가치를 드높이는 푸른색은 유럽 평의회나 유엔의 깃발처럼 대규모 국가 및 국제기구의 색깔이 된다. 유엔군의 푸른 헬멧, 헌병대나 경찰 제복의 푸른색처럼 일부 직업군이나 사회 직능 계층에서도 푸른색을 찾아볼 수 있다. 또한 푸른색은 예식을 위한 '훈장, 공로'의 색으로서, 그 예로 푸른 카드(보이스카우트에서 수여하는 공로 배지 신청 카드—옮긴이), 파란 끈

(코르동 블루, 솜씨 좋은 요리사), 파란 리본(대서양을 가장 빠른 시간 안에 건너는 증기선에 주는 영예의 상징—옮긴이)이 있다. 백설공주와 신데렐라가 입는 옷도 푸른색으로, 1960년대까지 푸른색은 '여자아이'의 색이었다. 하지만 패션과 소비사회의 발달로 가족의 중심이 된 어린이가 '소년 또는 소녀'로서 개인적인 정체성을 지녀야 하는 근대사회에서는 분홍색이 새로운 시장을 열게 된다.

f) 〈갈라티아 신자들에게 보낸 서간〉에서 바오로는 '주의 형제' 야고보에 대해 말한다.(〈갈라티아〉 1, 19) 야고보는 예수가 사형된 이후로 62년에 사망할 때까지 예루살렘 장로 회의를 주재한다. 예수와 그 형제자매들 사이의 생물학적 혈연관계는 기독교 초기 집단에서 별다른 논쟁을 불러일으키지 않는다. 당시에 이러한 입장을 취한 인물로는 작가인 예루살렘의 헤게시푸스(2세기), 신학자 테르툴리아누스(225년에 사망), 주교 보노수스(400년경 사망)가 있다.

그러다 2세기 중반 이후, 특히 4세기부터 신학자들과 교부들은 예수의 형제자매가 존재했다는 사실을 인정하기를 주저한다. 예수가 신성한 존재로 간주되는 순간부터, 사람들은 일단 그가 잉태된 방식, 그리고 예수의 출생에 대해 의문을 제기한다. 예수의 잉태와 출생이 다른 인간의 잉태와 출생처럼 평범할 수는 없기 때문이다. 이런 관점에서 안티오키아의 이그나티오스(35~115년으로 추정)와 리옹의 이레네오(약 130~202)는 예수가 '동정녀 잉태'되었다고 주장하지만 다른 언급은 전혀 하지 않으며, 그들은 무엇보다 마리아가 생을 다할 때까지 동정녀로 남았다고 단언하지 않는다. 이것이 오늘날 개신교도 대다수의 견해다. 즉, 마리아는 예수의 탄생 이후로 요셉과 더불어 자녀를 낳았으나, 이 가설로 예수가 탄생했을 때 마리아가 동정이었다는 사실은 변하지 않는다. 하지만 이는 마리아가 계속해서 동정이라는 가톨릭 교리와 상충한다.

2세기에는 또 다른 설명이 제시된다. 야고보와 그 형제들이 요셉의 첫 번째 혼인에서 출생했고, 예수는 그의 어머니 마리아가 동정녀인 상태에서 났다는 것이다. 따라서 예수의 형제들은 이복형제들이다. 이러한 관점은 3세기에 알렉산드리아의 클레멘스와 오리게네스가 옹호하고, 4세기에는 푸아티에의 힐라리오, 카이사레아의 에우세비우스, 밀라노의 암브로시우스, 살라미스의 에피파니오, 요한 크리소스톰, 알렉산드리아의 키릴로스가 같은 의견을 냈다. 오늘날에는 동방 교회들(그리스, 시리아, 콥트 교회), 특히 동방 정교회가 이러한 견해를 취한다.

하지만 서서히 '예수의 형제들'을 가리키기 위해 사용된 그리스어 단어인 'adelphoï'가 피가 같은 형제들을 가리키는 것은 확실하되, 복음서가 아마도 형제나 이복형제, 사촌, 조카를 모두 뜻하는 히브리어 또는 아람어 단어인 'ah(또는 hâ)'의 영향을 받았을 거라는 설명이 정착된다. 따라서 수도사이자 라틴어 성경 번역자인 히에로니무스 성인이 보기에 '예수의 형제들'은 예수의 사촌들이다. 그는 야고보와 요세라 불리는 형제들을, 마르코와 마태오 복음서에 나오는 예수의 십자가 가까이에 있는 마리아라는 여자의 아들들인 작은 야고보와 요세와 동일시하도록 제안한다. 이것이 오늘날 로마 가톨릭교회의 견해다. 참조: 시몽 클로드 미무니(Simon Claude Mimouni),《의인 야고보, 나사렛 예수의 형제》, Bayard, 2015.

g) 골고다는 고대에 예루살렘 외곽에 위치한 언덕이었고, 점령국 로마는 유죄 선고를 받은 사람들을 그 위에서 십자가에 매달았다. 위치는 정확히 알려져 있지 않다. 복음서 이후로 종교 예술에서는 해골로써 예수의 십자가형을 표현한다. 화가 엘 그레코의 〈십자가에 못 박힌 그리스도〉(1604~1614년 작)나 필리프 드 샹파뉴의 〈십자가에 못 박힌 그리스도〉(1655년 작)가 그 예다. 다른 예술작품들도 마찬가지로 인간의 고통스러운 죽음을 상징하기 위하여 해골을 매개물로 사용한다. 셰익스피어의 《햄릿》(1601년 작)이든, 만화 영화 〈그렌다이저〉에 등장하는 '골고다'라는 금속 해골을 지닌 무시무시한 로봇이든, 또는 메탈 음악의 앨범 재킷에 그려진 해골이든, 골고다는 모든 장르의 예술가가 죽음을 표현하는 데 영감을 주고 있다.

h) 평신도(laïc)라는 용어는 아주 오래전에 등장한다. 실제로 라이코스(λαϊκός)라는 말이 등장하는 경우의 목록을 작성해보면, 이 말은 기독교가 탄생하기도 전에 언급된다는 사실을 알 수 있다. 기원전 120년에 작성된 초기 파피루스 중 하나에서는 이 용어로 '시골 백성에게 속하는 것'을 나타내는데, 이들은 자신을 다스리는 사람들과 구분된다. 이 용어가 기독교 문헌에 도입된 것은 1세기 말에 〈로마의 클레멘스가 코린토 신자들에게 보낸 서간〉에 나오는 간략한 문장인 "평신도인 사람은 평신도의 가르침에 엮여 있다"에서다. 그 이후로 아퀼라(약 120~140)와 심마쿠스, 테오도티온(2세기 말)이 〈사무엘기 상권〉(21, 5)과 〈에제키엘서〉(22, 26; 48, 15)를 그리스어로 번역하며 라이코스를 문화적 맥락에서 (사람이 아닌) 사물을 지칭하기 위해 사용한 판본을 제외하면, 한 세기 동안 이 용어는 거의 등장하지 않았다. 그러다 알렉산드리아의 클레멘스(약 150~약 220)가 그리스 세계에서 이 말을 기술적인 용어로 사용하면서 다시 등장했고, 라틴 세계에서는 테르툴리아누스(약 160~약 220)가 이 용어를 사용한다.

이 시기부터 평범한 기독교인(평신도)과 성직자 계층을 이루는 주교, 장로, 부제 3인조를 구별한다. 헬레니즘 시대의 파피루스에서 그랬듯 라이코스는 백성을 다스리는 사람들에 대비하여 다수 백성에 소속됨을 가리킨다. 3세기에 교회 어휘에 포함되고, 약간의 망설임 끝에 라틴어 라이쿠스(laïcus)로 옮겨져 교회에서 일상어가 된 이 용어는 결국 종교와 무관한 세계 및 시민 생활을 특징짓는 용어가 된다(1690). 그러다 19세기 말(1873)에 와서야 이념 투쟁 맥락에서 프랑스어 '라이크'가 '모든 종교적 신념과 독립된 것'을 뜻하게 된다. 교회 내에서는 여전히 '라이크'라는 용어가 서품을 받지 않아 성직자가 아닌 사람을 뜻한다.

프랑스어 명사 '라이시테(laïcité)'는 바로 이러한 맥락에 놓여 있다. 이 용어가 교육 기관의 '종교와 무관한 특성'을 일컫는다면, 19세기 말부터 라이시테는 '종교와 시민 생활의 분리를 내포하는 정치·사회적 개념'이 된다. 참조: 올리비에 보비노, 〈프랑스의 라이시테 정체의 특수성(La spécificité du régime français de laïcité)〉, 《윤리 및 도덕 신학 잡지(Revue d'éthique et de théologie morale)》, 제269호, 2012년 6월, 49~74.

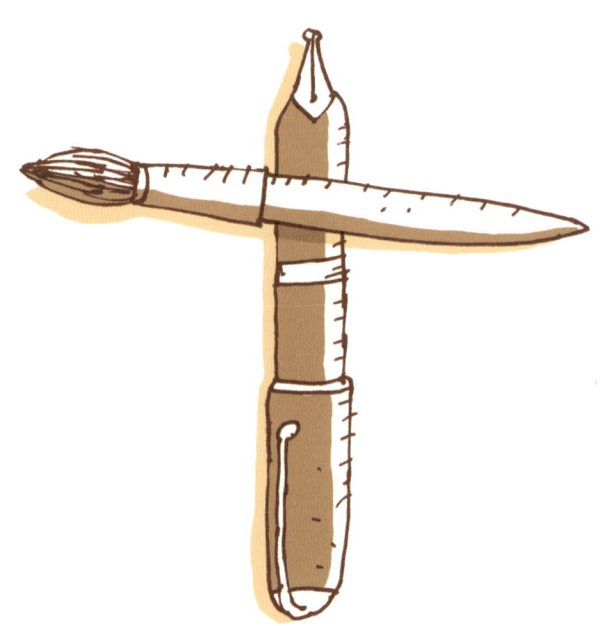